一個人只要比別人先具有一種洞察力，
他就是明星。

——尼采《華格納事件》

在我們之間，
連那些最有勇氣的人，
也鮮有勇氣去認識真正的自己。

——尼采《偶像的黃昏》

有待我們思考的人生問題

· 我的人生怎麼會這麼累？
· 怎樣活，才能活得有意義？
· 怎麼沒有一件 心想事成的事呢？
· 怎樣化解人與人之間的矛盾？
· 如果我不相信神，就會變得不幸嗎？
· 人活著，就一定要有信念嗎？
· 藝術可以改變生活嗎？
· 死亡真的是一件可怕的事嗎？
· 活得像自己，意味著什麼呢？
· 怎樣才能突破自己？

尼采：
比讀書更重要的是思考

韓國首爾大學教授

朴贊國／著

王　寧／譯

CONTENTS

前言

超越自己，
遇見自己

　　　　　　　　　　抗癌多時的張英姬女士以
未逾花甲之年仙逝了。拜讀她的散文集《我生命中的唯
一》，我看到了一段關於海明威的小說《老人與海》的
文字。《老人與海》我只在小學時期讀過，隱約記得那
是個有關老人和魚的故事。看了張英姬女士的文章，我
才發現，原來這本小說中蘊含著尼采哲學的精髓。

　　《老人與海》講述了一個老人孤身一人在蒼茫的大海上，與一條大魚作殊死搏鬥的故事。對於這場搏鬥，張英姬女士是這樣描述的：

　　　　在蒼茫的大海上，這場發生在人和魚之間的悲壯戰鬥沒有勝負之分，重要的是誰能憑藉崇高的勇氣和耐力堅持到最後，至死不屈。老人用魚叉插中大魚，然後緊握繩索，直至大魚浮上水面。大魚則為了掙脫魚叉而拼死掙扎，在這場激烈的對決中，大魚和老人都賭上了性命，這是一場榮譽之戰。

　　正因為如此，老人對於他的敵手，也就是那條大魚，產生了一種同僚之情，他吶喊道：

　　　　啊，我的兄弟，我此生從未見過比你更美麗、強韌、高貴的對手。來吧，你可以殺死我，不管誰

將誰殺死，如今我已經不在意了。

老人和大魚整整搏鬥了三天，當大魚終於氣絕浮上水面的時候，老人所感受到的痛惜卻遠勝於勝利的喜悅。當鯊魚群湧上來撕咬大魚時，老人如同自己的肉被咬掉般痛苦。

張英姬女士認為，這部小說當中最經典的語句就是老人在和大魚搏鬥的過程中反覆說過的那句話，「人可以被毀滅，卻不能被打敗。」

為什麼我會從這部小說中想到尼采呢？

因為我覺得，在尼采看來，人類與命運之間、以及人與人之間最恰當的關係，可以用「愛的鬥爭」這句話來形容。人類通過與自己的命運及與他人的鬥爭，來使自己變得更強大。

　　命運不由我們決定，人生中有諸多不期而至。很多事情我們都無法選擇，比如有怎樣的父母，天生怎樣的容貌和智商，會患上什麼樣的病症，以及會遇到什麼樣的人等等。

　　人生就是與這些命運的抗爭。在抗爭的過程中，我們會遭受挫折，會慨歎自己的命運與別人相比太過殘酷，並因此而抱怨蒼天不公。

　　但是尼采卻發出這樣的吶喊，「要活在險境當中！將你的城市建立在維蘇威火山的山坡之上！」也就是說，我們不應該期待命運溫和安逸，而應該希望它像維蘇威火山般殘酷艱險。

　　只有與這樣的命運相抗爭，我們才會讓自己變得更加強大。也只有這樣，我們才會發現殘酷的命運有其美麗之處，從而熱愛它。我們會像《老人與海》中的老人一樣，對命運發出這樣的吶喊：

啊，我的兄弟，我此生從未見過比你更美麗、強韌、高貴的對手。來吧，你可以殺死我，不管誰將誰殺死，如今我已經不在意了。

從這個意義上來說，人與命運之間最恰當的關係，應當就像老人與大魚一樣，是一種「愛的鬥爭」關係。尼采希望人與人之間的關係也能如此，也就是說，人們通過相互鬥爭，促進彼此強大，並尊重和敬愛對方。

尼采積極接受了赫拉克利特的「戰爭乃萬物之父」的思想。而這裡尼采所指的「戰爭」，卻是能使對方強大的愛的鬥爭。

當今時代，人們都希望盡可能將命運的負擔減至最少。連大自然都在科學技術的作用下馴服於人類，從近代的社會發展趨勢來看，貧困和不平等的程度也在逐漸縮減，人們的安逸生活得到越來越多的保障。現代人也

認為只有不存在爭端、相互體諒、彼此幫助的和諧社會才是最理想的。

對於近代社會的這種傾向，尼采做出了最徹底的抵抗。他認為人類真正渴望的不是享樂安逸，益壽延年，而是自身變得更加強大的感覺。可是要想體會到這種感覺，就必須面對殘酷的命運。不可否認，多數人都會被這樣的命運所挫敗。

尼采認為，通過與殘酷命運的對決，少數人會變得更加強大，變成更美好的存在。尼采一生被頭痛、胃痛等各種疾病所困擾，他的人生道路也堪稱坎坷，但是他卻說，這些疾病讓他變得更加深刻和強大。

儘管近代社會傾向於為人們提供安逸的生活，但如今依然有很多人認為自己的人生太坎坷。他們紛紛抱怨命運不公，為什麼偏偏是我得了這種病？為什麼我沒有出眾的頭腦和容貌？在如今這樣一個物質財富豐足的世界，對於人們來說，人生依然充滿艱險，很多人甚至放

棄跟命運抗爭，選擇自殺來逃避。

在這種情況下，尼采發出吶喊，「不要期待你的命運平坦順利，而應該盼望它殘酷艱險。」在和命運的抗爭中，即使壯烈的死去，也不可以投降認輸。

眾所周知，尼采是個很具多面性的思想家。

無論是無政府主義等極左思想，還是納粹主義、法西斯主義這樣的極右思想，很多思想流派都將尼采歸到了自己的陣營當中。而為他們提供這種訊息所根據的，正是尼采本人。

但是，我認為有種核心思想貫穿了尼采思想發展歷程的始終。這就是希臘和羅馬的強力意志，面對艱險的命運，不但不屈服，還要肯定它，並且熱愛它。

這種強力意志不會逃避痛苦，反而會主動去尋找痛苦，通過與其鬥爭而強化自己。除此之外，強力意志還會去尋找跟可以跟自己匹敵、甚至比自己更優越的對

手，通過跟他們鬥爭，讓自己和對方都變得更強大。

　　不管對方是命運還是他人，這種意志都會對其給予充分的尊重和敬愛，哪怕是被其毀滅。尼采稱這種強力意志為「強力厭世主義」。這種強力意志指的是一種挑戰精神，以健康的生命力，主動尋找人生中的殘酷和恐懼，將那些讓我們畏懼的對象作為敵手來測試自己的力量。海明威的《老人與海》中的老人正是這種「強力厭世主義」的具象化人物。

　　張英姬女士告訴我們，《老人與海》中還有一點不容忽略。那就是鯊魚意識，即躲避艱險的鬥爭，只搶奪他人的戰利品，坐享其成。老人歷盡千辛萬苦捕到的大魚，卻被鯊魚輕而易舉的吃光了。張英姬女士稱鯊魚的這種行徑為「卑鄙無恥的機會主義意識」。

　　對於這種一味貪圖安逸的做法，尼采稱之為「末人意識」。為了讓自己的意志和生命力更強大，至少應該跟與自己對等或者更強的對手去鬥爭，而這些人卻躲避

選擇艱險的命運，為了利益和安樂，不惜動用一切卑鄙
手段去剝奪弱者，對於這樣的人，尼采極為蔑視。

　　在這本書中，我一直在思考，對於我們在自認為艱
難的生活中所提出的一些問題，尼采會作何答覆呢？

　　很多人將尼采所崇尚的意志解釋為耶穌和佛陀所傳
揚的愛和慈悲精神。匈牙利哲學家盧卡奇等馬克思主義
者則認為，尼采主張的是將對弱者的奴役和征服合理化
的帝國主義精神。

　　我卻認為尼采所主張的既不是耶穌和佛陀式的愛與
慈悲，也不是帝國主義精神，而是一種被一味宣揚關愛
和同情弱者的現代人所忘卻的強力意志，一種為了強化
自己而主動選擇痛苦和艱險命運的霸氣和魄力。這才是
尼采所崇尚的超人意志。

　　尼采曾說，「所謂超人，是不光能承受苦難，更熱
愛苦難的人。他會敦促苦難，讓它隨時捲土重來。」

　　我將在這本書中充分展現尼采的這種意志，並說明這種意志對於今天的我們來說有著怎樣的意義。當今社會，處處都在上演激烈的競爭，我們該怎樣在這樣的時代生存下去，又該如何改變社會，希望思索這些問題的人們通過與尼采的對話，能找到些許答案和對策。

2014 年 10 月

朴贊國

鄙視追求安逸
生活的人

世界充滿浮躁。

因為所有現代人都在逃離自我。

人生是搖擺於欲望和
倦怠之間的鐘擺

　　　　　　　　某些哲學家認為生活本身
就是痛苦，亞瑟·叔本華（編按·1788 年～1860 年，
德國哲學家，唯意志主義的開創者）就是其中的代表人
物。其實，在哲學出現之前就已經存在的大部分宗教也
把我們的人生看作苦痛。這一點，從基督教把今世比作
淚谷，佛教稱人世為苦海就可見一斑。

其實完全不用放大到哲學和宗教範疇，幾乎每個人都一度覺得人生道路遍佈荊棘。我也一度有很強的厭世傾向，哪怕碰到一點困難就會感歎人生充滿苦痛。

前面提到，叔本華對於活著為何如此痛苦進行了深入徹底的研究。他用一句話論述了人生的本質：

人生如同搖擺於欲望和倦怠之間的鐘擺。

人是一種擁有無限欲望的存在。對美食的欲望，想擁有美貌異性的欲望，讀好的大學、找好工作的欲望，希望子女取得好成績的欲望，等等。欲望由始至終支配著我們的人生，我們為了滿足欲望而努力。

如果欲望得不到滿足，我們就會覺得痛苦，但是即使欲望得以實現，滿足感和幸福感也不會持續很久。在沒有欲望的前提下，滿足感和幸福感自身是無法獨立存在的。換言之，滿足感和幸福感來自於欲望被實現的過

程，所以在欲望得以實現的瞬間，它們就開始消失了。

　　例如，我們很想吃炸醬麵，當終於吃到的時候，我們會覺得幸福。但是這種幸福感僅僅存在於這個欲望得以滿足的過程中，伴隨著飽腹感的出現，幸福感開始消失了，厭倦隨之而來。

　　這種厭倦會持續很久，直至刺激我們欲望的新的事物出現，只有新的欲望才能消除這種厭倦感。然後，我們會再次由於欲望得不到滿足而痛苦。

　　通過孩子玩玩具的情景，便很容易理解叔本華的觀點。看到誘人的玩具，孩子會產生擁有玩具的欲望，於是便央求父母買，有時候還會因此受到責備。

　　可是，即使是又哭又鬧好不容易才拿到手的玩具，對於孩子來說，因此而產生的幸福感也只不過是一瞬之間的事情。不管多昂貴、多好玩的玩具，過不了一個月，他們就會玩膩了。

　　玫瑰色的幸福感消失，孩子被灰色的厭倦所籠罩。

於是他們開始跟父母耍脾氣,覺得無聊,纏著父母陪他們玩。看到電視裡比自己的玩具更好玩的新玩具,便又會產生佔有欲望。看到孩子們的這副樣子,就無法不對叔本華的「人生如同搖擺於欲望和倦怠之間的鐘擺」這句話產生共鳴。

這種現象難道只出現在孩子的生活中嗎?其實,大人與孩子的生活從本質上來說是一樣的,只是欲望的對象不同罷了。孩子們渴望的是玩具,而大人們渴望的則是更富足的生活、更漂亮的異性,住小房子的人則想要更大、更舒適的公寓。如果欲望得不到滿足,就會慨歎自己處境的不堪,倍覺痛苦。可是,即便經歷千辛萬苦,最終得到夢寐以求的公寓,那種滿足感也不會持續很久。我們很快就會對新的公寓提不起興致,再次被厭倦吞噬,新的欲望來襲,我們開始想擁有更大、更舒適的居住空間。

男女之間的關係也是如此。在遇到心儀的異性時,

我們會想盡一切辦法以爭取對方的愛情。可是當真的得到的時候，由此帶來的幸福感卻並不會持續很久。

兩個人不多久就會進入厭倦期，最後無法忍受這種厭倦的重壓，開始把目光投向其他更漂亮的異性。想像一下這種情況，就不能不承認「人生如同搖擺於欲望和厭倦之間的鐘擺」這句話的犀利精闢。

當然，在叔本華的這句話之前，我們已經對叔本華所道破的人生現實有著某種程度上的認識。只不過我們中的大部分人都無法像叔本華那樣明確的洞察生活的本質，而僅僅是庸庸碌碌的活著而已。但是，叔本華卻用一句話就將人生的本質淋漓盡致的展露在我們面前。

或許這就是哲學和科學的差異，也是科學所無法企及的哲學的美妙。科學提供的是我們前所未聞的新資訊。例如，在生物學發現遺傳基因之前，我們對遺傳基因這件事，根本一無所知。

　　與之相反，哲學則是把一些我們在生活中已經有所體驗，並且有模糊認識的東西，用明確的概念加以整理，使之呈現在我們眼前。因此，在接觸蘊含著哲學真理的箴言時，我們有時候會覺得自己也能說出這樣的話，只不過是被人家搶先了一步而已。

　　儘管人們都說哲學是一門最難的學問，但是考慮到上述情況，哲學也可以說是最簡單的學問。因為它所起到的作用就是把我們通過身體力行所得到的模糊認識加以明確並呈現出來。

對於生命的判斷，
不可能真實

　　　　　　　　叔本華所說的話就是人生
的全部嗎？我們的人生真的不過如此嗎？如果的確是這
樣，我們只能對現實中的人生絕望，成為厭世主義者。
叔本華認為，即便有死後的世界存在，我們在那裡所面
臨的也只有痛苦而已，因為在所有欲望都能得以實現的
天國，我們會由於厭倦而痛苦，而在地獄，我們則會因

為欲望無法實現而痛苦。

此外，叔本華還說「這個世界是我們能夠想像的世界中最差的一個」，他的這句話效仿了萊布尼茨（編按．1646年～1716年，德國哲學家、數學家）的那句名言「這個世界是所有可能的世界中最好的一個」。

萊布尼茨認為這個世界是由善神所創造，所以只能是最好，最完美的世界。而人類之所以認為這個世界不美好並因此而心存不滿，是因為人類觀察世界的視角是有限的。在神的眼中，這是個完美無瑕的美麗世界。

但是，在叔本華看來，萊布尼茨的思想只不過是毫無根據的空想。叔本華認為人格化的造物主等概念是虛構的，所以不能將之作為論據。他認為如果我們不用人格化的神做藉口，而是誠實的加以觀察，就會發現這個世界充滿了各式各樣的痛苦。因此，這是最差的世界。

對於叔本華的這種厭世思想，尼采是如何看待的呢？他用一句話對此做了總結，即——

「叔本華的哲學是厭倦生活的人所發的牢騷。」

尼采認為，我們存在於這個世界當中，因此無法評價這個世界的優劣。如同終生身處某一片森林，就無法評價這片森林的大小和好壞。人類所能做的所有評價都是立足於比較基礎之上的。因此，只有去過很多森林，才能將它們相互比較，從而判斷其中某個森林的大小和舒適與否。

可是，我們不可能離開這個世界去體驗其他世界，也就無法對這個世界做出評價。因此，我們對這個世界的好壞所做出的判斷並不客觀，只不過是我們自身生理或心理狀態的一種體現而已。

不只是對世界的判斷，對生命的判斷也是如此。

我們身處人生當中，而並非存在於人生之外。如果想對人生做出價值判斷，就必須置身於人生之外，可惜那時我們已經死亡，死人是無法對自己的生命做出價值評價的。

　　所以，對於生命價值的評價也是不可能的。人們評價人生美或者醜，都只不過是自身生理或心理狀況的體現。生理和心理狀態明朗健康、充滿幸福感的人會感覺人生美好。反之，壓抑、病弱、憂鬱、不順的人則會感覺人生醜陋。

　　對此，尼采論述如下：

　　　　關於生命的判斷、價值判斷，對生命的肯定或否定，歸根到底決不可能是真的；它們僅僅作為徵兆而有價值，它們僅僅作為徵兆而被考察，——此類判斷本身是愚蠢的。一個人必須全力以赴地嘗試領悟這個驚人奧妙：生命的價值不可能被估定。不能被一個活人估定，因為這樣一位當事人甚至於是爭論的對象，而不是裁判；也不能被一個死人估定，當然出自另一種理由。——就一個哲學家而言，倘若總是這樣把生命的價值看作一個問題，便

應對他的資格提出異議，給他的智慧打上問號，認為他的行為是不智的。

經歷了很多苦難和挫折，厭倦生活或者病弱的人會認為人生絲毫不值得回味，可是那些將所有困境都當作發展的契機，並對此心存感激的健康之人則會覺得世界是美好的。

下面這則跟叔本華有關的軼事說明根據每個人的精神狀態和所持觀點的不同，世界也會迥然各異。當然了，與其說確有其事，這則軼事更像是世人對叔本華的厭世主義思想的戲劇化呈現。

一天清晨，叔本華和朋友們一起散步。這時，一隻小鳥從天上飛過，突然拉了一堆鳥屎，偏巧落在了朋友昨天剛訂做完成的西裝上。看到朋友被鳥

屎弄髒的新衣服，叔本華說：

「看，我說什麼來著。我不是說過嘛，這個世界是我們能夠想像的世界中最差的一個。」

面對得意洋洋的叔本華，朋友回答道：

「我可不這麼想。這世界還算不錯的。設想一下，剛才飛過去的如果不是一隻鳥，而是一條牛的話，結果又會如何呢？」

如同叔本華的朋友所說，跟牛從天上飛過，並拉下一堆牛糞相比，鳥在空中飛翔的世界是不是好很多呢？也就是說，「世界到底是怎樣的」這個問題，根據觀點和身處這個世界的人們的精神狀態的不同，答案也是各不相同的。

我們所不知道的
幸福的條件

　　　　　叔本華認為，人類在追求安逸和長壽的同時，盡可能的追求著感官上的快感。可尼采的觀點卻跟叔本華不同。尼采認為叔本華的人類觀只適用於陷入物質享樂主義的近代人，叔本華所描述的人類並沒有反應出人類的真實狀態。

　　尼采認為，人類是一種即使活得短暫艱辛，也希望

感受到自己的力量及生命力得以提升的存在。概括來說，人類崇尚的不是長壽和安逸的生活，而是力量的提升和增強。

對此，尼采論述如下：

> 你們所追求的安逸並不是我們的目標。於我們而言，那就是末日！那是應該為人類所嘲笑和輕蔑的，人類因它而沒落！

> 什麼是幸福？幸福不過是那種意識到權力在增長，意識到反抗被克服的感覺。

> 幸福不是心滿意足，而是更多的權力，不是和平本身，而是戰鬥。

> 要想體會到力量的增長，必須要有某種阻力。因為

通過克服阻力，才可以感受到我們的力量在增強。所謂的阻力五花八門，可能是貧窮、戰場上的敵人、也可能是藝術家面前的素材等等。人類在與這些阻力鬥爭並克服它們的過程中，體會到自身力量的增強和提升。

尼采認為這種體會到力量增強的感覺就是幸福。在他看來，對人類來說，每個人都有提升和強化自身力量的衝動，他稱之為「強力意志」。他認為我們實際渴求的並不僅僅是安逸和長壽，而是力量的增強。

這種強力意志從根本上推動著我們，讓我們在面對拿破崙式的人物時心生讚歎，面對米開朗基羅和歌德等人時會燃起雄心壯志，希望自己也能像他們一樣優秀，成就一番偉業。

人類在取得某種偉大成就的時候，之所以能感受到自身得到了提升，最重要的一點就是在與自己的鬥爭中戰勝了自我。我們必須與貪圖安逸的自己鬥爭，戰勝自己。努力戰勝自我的人們面對生活中的困難時，會將其

當成提升自己的機會來歡迎。

　　最富精神性的人們，他們必首先是最勇敢的，
也在廣義上經歷了最痛苦的悲劇。但他們正因此而
尊敬生命，因為它用它最大的敵意同他們相對抗。

　　相反，如果「強力意志」衰退或者病弱的時候，人
們就會尋求舒適和滿足，選擇不與自己鬥爭，和自己和
諧共處。這樣的人在現實中遭遇困難時，會覺得世界充
滿苦痛，讓自己無法享受安逸。
　　尼采認為，當我們感覺生活艱辛時，不應該埋怨世
界，而應該重新審視自己，確定這種狀況是否源於我們
自身的意志和生命力的衰弱。

　　如果我們問那些不惜用生命做賭注來攀登喜馬拉雅山的人「為什麼要爬山？」也許很多人會說「因為山就在那裡。」那麼換做尼采，他會作何回答呢？他肯定會說「為了感受自己的力量。即使面對險峻的山峰也毫不畏懼，以此來感受自己強大的力量。」

　　當我們帶著從容的心態登頂險峻的山峰時，我們會為自己而驕傲。誠然，這種驕傲在登頂的時候來得最為強烈，但是在攀登的過程中也一樣感受得到。因為在爬上陡峭斜坡的時候，我們克服了坐下來休息的欲望，這讓我們感受到自己才是自己的主宰者，並因此而感到無比的自豪。

　　尼采認為，當今的現代人迷戀安逸享樂，已經變成軟弱的人類。哪怕碰到一點困難，有一點的不適，就會大肆抱怨。尼采稱這種對刺激反應敏感並崇尚安逸的人為「末人」。而與這類人相對的則是「超人」，他也將超人稱為「高尚的人」或「有氣度的人」。

　　你身邊是否存在這種有氣度的人呢？是否有人曾讓你為他的高貴而由衷感歎呢？這些人不會因為疲倦而輕易躺倒，即使很累也會保持端正的姿態，無論在何種情況下都堅毅剛正。

　　這些人非常自信，不輕易屈服於外部狀況。他們總是會力爭成為各種狀況的主宰，從而感受自己主導局勢的力量。

　　世界在這種高尚而有氣度的人眼中是怎樣的呢？是否像叔本華所描述的那樣陰暗憂鬱呢？尼采認為，對這些人來說世界是絕對美好的，而所謂美好，指的是我們將自身的美好和充沛，分享與世界。

　　對感受到自身的美好和充沛的人來說，世界也是美好而富足的。這些人即使不是真正的藝術家，也可以被稱為藝術家。尼采認為，優秀藝術家的作品其實也開始於力量的充沛。他說「藝術只能成就於對於力量充沛和提升的陶醉狀態。」

　　在陶醉狀態中，人出於他自身的豐盈而使萬物充實：他之所見所願，在他眼中都膨脹，強大，力量充沛。處於這種狀態的人改變事物，直到它們反映了他的強力和他的完滿。這種變得完滿的需要就是──藝術。甚至一切身外之物，也都成為他的自我享樂；在藝術中，人把自己當作完滿來享受。

　　相反，那些遇到很小的問題就不勝其煩、只追求安逸的人，即使自身很美好也並不滿足。不僅如此，對他們來說，世界是一個對他們的安逸構成威脅的可怕存在。尼采繼上面的那段話之後，接著論述如下：

　　還可以設想一種相反的狀態，本能的、特殊的反藝術家類型，──即這樣一種類型，它使萬物貧乏，黯然，患上癆病。事實上，歷史充斥著這樣的反藝術家，這樣的生命饑饉者。

尼采的這種思想與東方佛教的主張非常類似。佛教的一個分支學派唯識學認為，根據各個存在精神狀態的不同，對待同一個世界會有完全不同的看法，這個學派用「一水四見」來舉例對其主張進行說明。

「一水四見」指的是，同樣的水在人、魚、餓鬼和天人的眼裡是各不相同的。也就是說，我們人類用水來飲用或者洗浴，魚則將其當作居所，得不到子孫供養的饑腸轆轆的餓鬼將其看做一灘膿血，天上的神則把其看成寶飾莊嚴之寶池。

同樣道理，尼采所說的「末人」和「超人」雖然同為人類，但是因為各自截然不同的精神境界，看到的世界也完全不同。

我們認為沒有任何艱難困苦的狀態才是幸福的。所以，我們總是希望苦難不要降臨在自己身上，期待總有好的事情發生。可現實卻經常和我們的期望背道而馳，我們要經歷各種苦難，飽受肉體和精神上的折磨。正是

從這個意義上來說，雅斯培（編按・1883 年～1969
年，德國哲學家）那樣的哲學家才會認為人類無論如何
都無法擺脫的瓶頸之一，就是苦難和痛苦。

　　所以，真正意義上的「幸福的人」並不奢望遠離苦
難和痛苦，即使面對困難和痛苦，也能體會到精神上的
平靜和充實。

　　從這個角度來說，與幸福相對的並不是悲哀或者痛
苦，而是一種逐漸導致內心貧瘠和生命力衰退的憂鬱
症。這種憂鬱症的狀態會被悲哀或痛苦支配，讓人無論
做什麼都擺脫不了這種情緒的影響。

人生，
只有不執著於意義，
才會變得有意義

迄今為止，

人類所受到的詛咒不在於痛苦本身，

而是因為痛苦毫無意義。

從駱駝到獅子，
從獅子到孩童

尼采認為「人類的精神是從駱駝的精神發展向獅子的精神，再由獅子發展向孩童階段。」不可否認，某些情況下，有的人可能直到死亡都無法擺脫駱駝或者獅子的精神階段。

尼采所主張的人類精神發展的三個階段可以說是一種理想的情況。那麼，尼采為什麼把人類的精神比作駱

駝、獅子和孩童呢？

我用自己的實際經歷為例子，來說明一下。

初中之前，我就像一隻駱駝。駱駝生活在荒涼的沙漠，背負繁重的行李，沒有任何不滿與抱怨，只是一味邁著沉重的步伐前行。

從這個意義上來說，駱駝也是「忍耐」和「順從」的代名詞。尼采所說的駱駝精神指的是把社會價值和規範當作絕對真理，並無條件加以服從。

家庭和學校向孩子們灌輸著社會價值和規範意識。孩子們把父母和老師當作神明，只要乖乖聽他們的話，就會被稱讚為好孩子，這是所有孩子都希望得到的評價。如此一來，孩子們的精神和身體完全被社會規範和價值所填滿。我也不例外，上初中之前，我一直奉父母和老師的話為聖旨，期望被他們評價為好孩子。因此，我就像駱駝一樣，完全按照父母和老師的意圖來生活。

小學時，母親曾經帶我去參加某個宗教團體的儀

式。儀式持續的時間很長，所有信徒都要站著參與。儘
管我那時只是年幼的小學生，卻依然毫無怨言地堅持站
了好幾個小時。儘管有時也會頭暈眼花或者打瞌睡，但
是因為相信那個宗教是絕對的真理，所以我從來不認為
那是辛苦或者毫無意義的。

　　初中階段的某個夏天，我曾經一度廢寢忘食的用功
讀書。那時候覺得學習很有意義，所以才會拼命用功，
並因此而覺得自豪。那時候的我真的像一頭無論多重的
行李都願意欣然馱運的駱駝。

　　進入高中之後不久，我突然從駱駝變成了獅子。當
時，面對我的驟然轉變，父親非常愕然，直到現在我還
清楚記得他驚慌失措的樣子。

　　高中一年級的某一天，人生的空虛感突然席捲而
來，將我籠罩其間。在那之前，我從來沒有懷疑過人生
的意義，因為於我而言，人生的意義是毋庸置疑的。可
是剎那間，生活突然將無比虛無的面貌展現在我面前。

　　人生毫無意義。唯一可以確定的是，我們無緣無故的被丟到了這個世界上，為了生計而掙扎奔波勞碌，接著逐漸衰老死亡。

　　儘管這個事實並非我通觀人生後得到的領悟，但某一天席捲而來的空虛感，卻比任何事實都來得更真切。「活著有什麼意義，反正總有一天要一了百了……」

　　高中三年間，我一直被這個想法糾纏著。在本是生命力最旺盛的人生階段，我卻扛著覺得人生無望的灰色包袱，過得非常慘澹。

　　就這樣，我突然從駱駝變成了獅子，開始反抗父母和老師，蔑視一切對社會有意義的事物。我埋怨父母把我帶到這個毫無意義的世界，憎惡學校和社會強制我去進行沒有意義的學習，並用學習成績來評價我。但是，那時的我並不知道到底應該怎樣生活。

　　尼采說過「獅子精神雖然能破壞既有的價值，卻無法創造新的價值。」既有價值和意義崩毀之後產生的空白是最讓人無法忍受的。

　　尼采把這種既有價值和意義崩毀殆盡，卻又不知道「為什麼而活」的狀態稱為虛無主義（Nihilism）。他認為這種虛無主義狀態才是人類所無法忍受的最大的痛苦。我也切身體會到了空虛狀態的痛苦，它奪去了我生活中的活力和樂趣，只留下憂鬱和無力感。

　　我無法忍受這種狀態，急切的找尋著某種意義，期待它能把我拉出這空虛陰暗的深淵。也正是那個時候，我第一次知道有哲學這樣一門學問，並且在翻閱哲學書籍的過程中，第一次知道了尼采這個名字。

　　在閱讀尼采的過程中，我感受到了他的激情。當時的我正急切的渴求著人生的意義，尼采的激情貫通了我的心靈。但是，作為一個高中生，當時的我是根本不可能深入理解他的。

在那個階段，我因為找不到人生的意義而活得很頹廢，經常想就此結束生命。「人生毫無意義，反正早晚都要死。」這些念頭一直糾纏著我。

但是，那時的我還有一絲渺茫的期望，那就是覺得大學也許是個出口，如果上大學學習哲學，就可能從這種令人窒息的狀態中逃離出來。另外，我也能想像到我自殺後父母會是何等絕望。靠著這些想法，我才好不容易止步於自殺的門檻前。

沒錯，當空虛感達到極限時，我們就會產生自殺的念頭。虛無主義把人類扔進絕望的深淵，卻不提示任何出口，因此我們才會對其產生恐懼。

與此同時，我們同樣害怕想到死亡。因為一想到死亡，就會覺得人生虛無，可是對於虛無的生活，我們卻無可奈何。因此，即使我們經常面對他人的死亡，依然會自我寬慰自己「死離我還很遙遠」，以此來擺脫有關死亡的想法。

「儘管別人已經死去，但我依然活著。」海德格（編按‧1889 年～1976 年，德國哲學家）認為這正是我們為了逃避死亡而選擇的最具代表性的論證方式。其實，死亡是一種隨時都可能降臨到我們身上的「緊迫的可能性」。

我們總是在有意無意間回避死亡。相反，尼采和海德格在對死亡進行了認真思索之後認為，陷入虛無主義是我們的精神成長所必須的過程。

所有偉大的進步都伴隨著巨大的解體和消亡。痛苦衰落的徵兆屬於巨大的前進時代。人類所有進步而強烈的運動同時也催生著虛無主義。虛無主義是厭世主義的極端形態，在不同的情況中，它可能帶來最關鍵、最本質的進步，即新的存在狀態。

如果沒有一度陷入虛無主義，我可能會一直停留在

駱駝的精神狀態中。我不會去思索什麼才是真正的人生，只會按照社會所指定的既有生活方式生活下去。

海德格等哲學家和尼采分別將這樣的生活稱為「實際的生活」和「末人的生活」。而「實際的生活」指的是喪失自我，陷入對世俗價值的追求。至於「末人的生活」指的是墮落到底層的人類的生活。

像癡迷於遊戲的
孩子一樣生活

尼采把擺脫虛無主義，恢復活力的精神階段稱為「孩童的精神」。我再次用我的人生經歷來說明一下尼采所說的孩童精神指的是什麼！

高中時期，整整三年間，我都苦苦掙扎於虛無主義的深淵，這讓我幾近崩潰。在這種狀態下，進入大學沒多久，我就成了馬克思主義者。我是在一九七八年上大

學的，當時的大學校園中，學生運動和馬克思主義大為
盛行。我在馬克思主義中找到了把我從虛無深淵中解救
出來的繩索，並依靠這根繩索度過了七年時間。

　　人們之所以信奉馬克思主義，有很多種理由。有些
人是出於對貧困人群的真正關愛和同情，有些人是因為
對不平等、不合理的社會結構的憤怒，而我則是由於想
擺脫虛無主義，強烈希望為自己的人生賦予意義。所
以，從那時開始，馬克思取代了父母和老師，成了我的
偶像，我想通過實踐他的教誨來尋找生活的意義。

　　可是，大學畢業後三年左右，我開始對馬克思主義
產生懷疑。因為儘管馬克思主義以消除資本主義體制所
助長的人類競爭為己任，力圖建立友愛平等的社會，但
是它同時也催生了其他的競爭。這裡所說的其他競爭，
就是人們為了爭相獲取「偉大的革命家」稱謂，而進行
的各種競爭。

　　在馬克思主義組織內部，人們相互競爭，希望其他

人承認自己是比其他人更偉大的革命家。同時斥那些與自己鬥爭方法不同的人為左傾冒險主義或右傾機會主義者，並大加責難。而那些在鬥爭中被排擠出去的人會被打下「人格缺陷」的烙印。

不可否認，資本主義內部也是如此，在競爭中被排擠出去的人也不會受到應有的尊重。但是從另一方面來說，也有人認為，以財力來對人們進行評價是膚淺的，在競爭中勝出並不意味著在道德層面也同樣優秀。恰恰相反，在競爭中失敗的人反倒認為自己在道德層面更加卓越與清廉。

可是在馬克思主義組織內部得不到「偉大革命家」稱號的人，甚至會被認為在道德層面上也是低劣不堪的存在，這個現實赤裸裸的暴露在馬克思主義者掌權的社會主義國家中。以北韓為例子：人們如果當不成黨員，或者不能成為平壤市民，便會被看作是欠缺革命精神的「二等國民」。

　　馬克思主義組織內部的這種現實，讓我對馬克思主義這一概念產生了懷疑，發現了馬克思理論所具有的局限性。因此，我摒棄了馬克思主義，但是這就如同鬆開了那條將我從虛無的深淵中拉上來的繩子，我再次掉進了另一個深淵。

　　某一天，我突然體驗到了一種豁然開朗的感覺，就像尼采領悟到永恆輪迴思想時的情境一樣。

　　當年，正在瑞士養病的尼采在位於錫爾斯瑪利亞的席爾瓦普拉納湖邊散步，在走過湖邊高聳的岩石時，他瞬間醍醐灌頂，悟到了永恆輪迴的思想。而我也是在接近而立之年的時候，突然有了這種體驗。

　　那一瞬間，我掙脫了從高一開始就一直困擾我的空虛感，如同搬走了壓在胸口的一塊巨石，感覺舒暢無比。我尋求人生意義的彷徨歲月就此結束。從那之後，如同尼采所說，我活得像個孩子。

　　「像孩童一樣生活」是什麼意思呢？這指的是把人

生當作遊戲的一種生活狀態。當迷戀上某個有趣的遊戲時，我們不會去問「為什麼要玩這個遊戲？」玩這個遊戲，只是因為它有趣。那麼，我們為什麼會在某一瞬間，突然好奇為什麼要玩這個遊戲，開始探求遊戲的意義呢？這是因為於我們而言，遊戲的趣味已經消失，我們卻只能繼續玩下去。

我們的人生也同樣如此。把人生當作有趣遊戲的人不會問「是否還要繼續這個遊戲？」因為他們被生活這個遊戲所吸引，希望將遊戲繼續下去。而我們之所以開始好奇生活的意義，是因為不再覺得生活是一個有趣的遊戲，轉而將其看成必須背負的包袱。生活對於我們成了沉重的包袱，於是我們開始懷疑「我為什麼必須要背負這個包袱？」

作為一個哲學教授，每天都會接到很多或年輕或年長的人來電詢問我「人生的意義是什麼？」而這個問題，無論閱讀多少有關人生和世界的書籍，都無法得到

答案。儘管黑格爾等人用鴻篇巨著的理論體系對人生和世界做出了揭示，可他們自己也可能覺得人生空虛。對此，尼采和被譽為存在主義之父的齊克果（編按・1813年～1855年，丹麥哲學家）做出了如下闡釋：

> 所謂哲學家，就是用思想建造了高大的宮殿，而他們自己作為實際（現實中）的人，卻住在極致簡陋的窩棚裡。

有關「人生的意義」的問題只有在把生活當作趣味盎然的遊戲時才會消除，因為此時根本沒有必要去好奇這個問題。請注意，這裡我使用的是「消除」這個詞彙。因為對於人生意義這個問題，任何理論都無法做出根本上的解決。只有我們的生活狀態轉變到無需提出這個問題的時候才能解決。換言之，這個問題只有通過問題自身的消失才能得以解決。

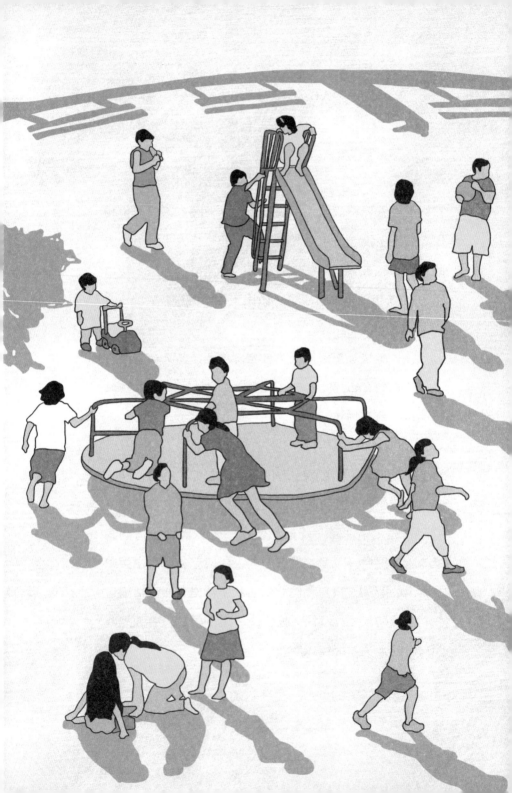

如果人生永恆輪迴，
你是否會重複現在的生活

　　　　　　　顧名思義，尼采的永恆輪迴思想就是指「所有事物都永恆輪迴，永無休止。」也就是說我們所經歷的或大或小的喜怒哀樂，如果存在來世，將會一直不斷的重複出現。尼采還將其作為一種思想實驗，針對永恆輪迴思想，把一個問題拋在了我們面前：「如果所有事物都永恆輪迴，你還會愛今生嗎？」

尼采曾說過下面這樣一段話：

　　如果某個白天或晚上，一個惡魔偷偷地尾隨你進入了你最孤獨的孤獨中，對你說：「你正在過的和以前所過的生活，將不得不重來一次，並且還要再過無數次；在這無數次的生活中，不會有任何新鮮玩意兒，你生命的每一次痛苦和每一次歡樂，每一個思想和每一聲歎息，每一件事情，無論多麼微不足道或者多麼至關重要，都將在你身上重現，整個順序都會是一模一樣——甚至這隻蜘蛛和這林間的月光，甚至是此時此刻和這個我。生存的永恆沙漏被不厭其煩的來回調轉，而渺小如沙粒的你，也會在其中隨之旋轉。」

　　難道你不會撲倒在地，咬牙切齒地詛咒說這番話的惡魔嗎？還是你會體驗一個偉大的時刻，對他說：「你是上帝！我從來沒有聽到過這麼神聖的話

語啊！」

如果這種思想支配著你，它將改變並粉碎你。「你渴望再一次或無數次地經歷你現在正在經歷的事物嗎？」這個問題，將會無比沉重的壓在你的每一個行動中。

可是，我們之中的大多數人，在面對這個問題時都會連連後退，回答說：「不，如果有來生，我希望來生只有喜悅和幸福。」就因為由於有這種期望，我們才期待死後會有天堂，或者期待在不遠的將來會出現不存在任何痛苦的烏托邦。

但是，尼采認為痛苦永遠不會消失，因為在他看來，所有事物為了提升自身力量而相互鬥爭和衝突才是這個世界的真實面目。在世界的這種本質下，我們只有極大的強化和提升自己的意志力，才能坦然接受這個世界。

　例如，假設我們正在攀登險峰。當肉體或精神衰退軟弱的時候，我們會覺得那座山如同受到詛咒。我們會不斷質疑「為什麼要爬這座山？」並且哀歎自己必須攀爬高峰的悲慘命運。

　相反，如果我們的肉體強壯，精神充沛，在我們眼裡，那將是一座美麗而莊嚴的山峰。我們不會問「為什麼要爬這座山？」如果有人問我們這個問題，我們會回答說「因為這座山很美，登山樂趣無窮。」

　在糾結於有關人生意義的問題時，我們認為人生和世界存在問題。換句話說，我們會認為人生和世界充斥著毫無意義的痛苦，於是寄希望於死後的天堂或者未來的共產主義，期待從中找到答案。

　尼采卻認為這源於我們自己精神意志層面的問題。意志薄弱，才會將世界看作毫無意義的荒涼境地。他認為，只要我們增強意志力，世界在我們眼中就會變得美好。在美好的世界中，我們每時每刻都會感受到極大的

喜悅，活得輕鬆愜意。分分秒秒都有其意義，我們將體會到充沛的力量。這就是尼采所說的「用孩童的精神來生活」。

我們業已廢除了真正的世界：剩下的是什麼世界？也許是假象的世界？……不！隨同真正的世界一起，我們也廢除了假象的世界！（正午，陰影最短的時刻，最久遠的錯誤的終結，人類的頂峰。《查拉圖斯特拉如是說》的開場白）

這裡「真正的世界」指的是柏拉圖哲學及基督教等西方傳統哲學和宗教所說的彼岸世界。彼岸世界是永恆不變的，也是我們所無法理解的、超越感知的世界。相反，此岸世界是我們可以理解和感知的，世間萬物不斷生成泯滅，皆悉無常。此岸世界不過是永恆不變的彼岸世界的投影。

　　但是，在尼采看來，永恆不變的世界是不存在的，
真正存在的只有不斷生成泯滅的世界。永恆不變的世界
不過是那些不肯泰然接受現實的軟弱人類所虛構出來
的，以此廢除真正的世界。在《查拉圖斯特拉如是說》
中，尼采借查拉圖斯特拉之口道明，不斷生成變化的世
界才是唯一的真正的世界，讓人們忠實於大地。

　　在傳統哲學和宗教中，生成泯滅的世界被描繪得非
常黑暗，而超越感知的世界則等同於太陽和光明。但是
對於肯定現實世界的人來說，現實世界本身就是光明，
這個世界是由正午的光明支配而非黑暗。也就是說，我
們生活的世界儘管片刻不停的上演著生成泯滅，卻豐盈
而富含真意。

　　從這種意義上來說，尼采的哲學就是對於生活的讚
歌。尼采說過，「我們應該侍奉的是位會跳舞的神。」
這位神從不責難生活，相反，他懂得享受和肯定生活。
尼采稱這個不追求任何目的和意義，只沉醉於快樂中，

重複著破壞和創造的神為狄俄尼索斯。

　　但是，這裡所說的狄俄尼索斯並不是指某個人格化的神，而是重複著生成和泯滅過程的世界本身。而被尼采稱為「超人」的人，則會正面對待這個不斷重複著毀滅、創造、勝利的喜悅和挫敗的悲傷的世界，是如同「舞蹈的狄俄尼索斯」般豁達開懷，置身於世界而喜不自禁的舞者。

　　誠然，這很不容易做到。因為我們的人生一直被尼采在《查拉圖斯特拉如是說》一書中所提到的重力精神所壓迫。「重力精神」指的是將我們往下拉扯的恐懼、憂慮、嫉妒和怨恨等負面情緒。我的人生中也曾經因此而一度憂鬱壓抑。但即便如此，我依然認為人生從本質上來說是美好和有意義的，沒有必要拋開現在的生活，寄希望於天堂或者未來的共產主義烏托邦。

沒有什麼比
活於險境更美好

愛命運，

這是我內心深處的本性。

尼采為何熱愛
艱險多舛的命運

尼采所說的「超人」指的
是熱愛命運的人,而他在這裡所說的「命運」,應該是
指像他本人一樣終生飽受病痛折磨的坎坷命運。

每個人的命運各有不同。有的人生來家境富庶,頭
腦聰明,畢業於名牌大學,有好的工作,一生的道路都
順暢平坦。有的人出身貧寒,沒有條件接受正常教育,

一輩子窮困潦倒。面對這樣的世界，相信每個人都曾經覺得命運不公。

如果尼采的人生道路很平坦，那麼我們也許會對他「愛命運」的主張嗤之以鼻，並揶揄道「我要是有你那麼好命，肯定也會熱愛命運。」儘管五歲時就遭受喪父的不幸，但憑藉在藝術和學識上的卓越天分，尼采天生具備了在社會上獲得成功的潛質。他年僅二十五歲就當上了瑞士巴塞爾大學的教授。到這時為止，應該說尼采的命運還是令人豔羨的。

但是，尼采當上教授不到十年就因病而結束了教職生涯。此後，他只能靠學校的退休金度過了餘生。因為退休金非常微薄有限，他曾經拮据到在數九寒天也沒錢在房間裡點火取暖的程度。另外，尼采愛上了自己的學生——一個名叫露‧莎樂美的女孩，可惜始終沒有得到她的芳心，以致孤獨終老。

更有甚者，當時他的所有著作都得不到讀者的關

注。因此，不受歡迎的書籍，出版社自然不願意出版，於是他只能自費出書。好不容易有了點名聲，他卻在四十五歲的時候精神錯亂，如同植物人一樣在病榻上生活了十年後離世。

我不相信尼采由始至終的肯定和熱愛自己的命運。我們的意志會在不同的時候或減弱或增強，尼采也不例外，不可能沒有意志力的起伏波動。

但是，他在意志力高昂的時候肯定和熱愛著自己的命運，甚至高聲吶喊，歡迎命運的反覆。可是要知道，他的命運之路並不平坦，根本不值得我們羨慕。估計包括我在內的大部分人都會因為自己的命運與尼采不同，而暗自慶幸。

隨著年齡的增長，我們會越來越相信人力所無法改變的命運是存在的。儘管拿破崙曾經豪邁的大喊「我的字典裡沒有不可能」，但是對人類來說，怎麼會沒有不可能的事呢？

　　即便是拿破崙，也不可能所有事情都做得到。他雖是偉大的政治家和軍事家，卻無法成為偉大的畫家或者音樂家。他想永遠大權在握，長命百歲，可最終還是走下了皇帝寶座，在流放地淒涼的死去。每個人都想成為在各方面都很卓越的完美之人，可現實生活中，我們可能只擁有一兩項特別的才能。

命運！
改變它？
屈服於它？
還是肯定它？

　　　　　　　　我們對待命運的態度大致
可以分為三種。一種是否定命運的存在，認為只要努
力，就可以做成所有事情。這是一種極端的自由意志，
簡單歸結起來就是「事在人為」哲學。

　　尼采將這種極端的自由意志哲學，稱之為「判罪哲
學」。人類是自己人生的主體，可以按照自身意願來打

造生活，這種哲學乍看起來很像是極為尊重人類的人文主義哲學。可尼采為什麼會稱之為「判罪哲學」呢？

對於「你是否相信人類可以戰勝任何命運，按照自己的意願打造人生」這個問題，什麼人會做出肯定的回答？什麼人又會給出否定的答案呢？做出肯定回答的人大多在社會上取得了一定的成功，而做出否定回答的人，很有可能是社會生活中的失敗者。成功者會將成績歸功於自身的努力，而失敗的人則會把失敗歸咎於家庭出身不好或者運勢不佳。

現在，你是否明白尼采為什麼將自由意志哲學稱為「判罪哲學」了呢？因為自由意志哲學判定社會中的失敗者有罪。也就是說，「你之所以失敗，是由於你不夠努力。」這種武斷的說法，會讓很多社會生活中失敗的人感到十分委屈。

其實，不只韓國，放眼世界，身陷囹吾的人大都出身卑微。我們無法忽視自己身處的國家和家庭環境對我

is, there exist injective functions $f: A \to B$ and $g: B \to A$. If $C \subseteq A$, $= A - \bar{g}[B - \bar{f}(C)]$; it is easy to see that if C and D are subsets of A, D implies $\Delta(C) \subseteq \Delta(D)$. Indeed, $C \subseteq D \Rightarrow \bar{f}(C) \subseteq \bar{f}(D)$ (this is half of $-\bar{f}(D) \subseteq B - \bar{f}(C)$ by elementary class algebra $\Rightarrow \bar{g}[B - \bar{f}(D)] \subseteq \bar{g}[B - \bar{f}(C)]$ $[B - \bar{f}(C)] \subseteq A - \bar{g}[B - \bar{f}(D)]$ Now, let $S = \{ B | B \subseteq A$ and $B \subseteq \Delta(B)\}$, $\bigcup_{B \in S} B$. We will prove that $A_1 = \Delta(A_1)$ i) If $a \in A_1$, then $a \in B$ for S; but $B \subseteq A_1$, so by (1) $\Delta(B) \subseteq \Delta A_1$. Thus we have $a \in B$ $\Delta(B) \subseteq \Delta A$ proves that $A_1 \subseteq \Delta(A_1)$. ii) We have just shown that $A_1 \subseteq \Delta A_1$, he γ, $\Delta(A_1) \subseteq \Delta[\Delta(A_1)]$, s= $\Delta(A_1) \in S$. But A_1 is the union of all the S, $\Delta(A_1) \subseteq A_1$. Thus, we have proved that $A_1 = \Delta(A_1)$, which is th $A_1 = A - \bar{g}[B - \bar{f}(A_1)]$. By elementary class algebra (see Exercise 2 this gives $A - A_1 = \bar{g}[B - \bar{f}(A_1)]$. Now f and g are injective function $\bar{f}(A_1)$ and by (2), $B - \bar{f}(A_1) \cong \bar{g}[B - \bar{f}(A_1)] = A - A_1$. But $\bar{f}(A_1) \simeq A_1$ $, b$ be cardinal numbers. Then $a \leq b$ if and only if there exists c su $+c$; let A, B, C be sets (assume $A \cap C = \emptyset$) such the $a = \#A$, $b = \#$ $\sim e$ $a \leq b$; let A, B be disjoint sets such that $a = \#A$, $b = \#B$ $a + b \leq c + d$, $a \leq a^b$

們未來的影響。如同在女性無權接受教育的朝鮮時代，一個女人無論多麼聰明，都很難有機會施展才華。

今天，支配韓國的也是這種自由意志哲學。很多年輕學生因此而被貼上不努力的標籤，他們深深自責，甚至自殺。「其他孩子都得了 100 分，你為什麼只得了 50 分？」他們在家裡被父母、在學校被老師用這種方式責難，受到這種判罪的孩子會認為一切都是自己不好，於是最後會想不開，想到結束生命。

殊不知，學習與音樂才華一樣，也是需要具備一定的先天素質才能做好的。如果孩子沒有優越的學習才能，就應該去努力開發其他的天分，就算沒有任何突出的天賦，也應該培養他們滿足於平凡生活的人生態度。

宿命論，這是我們可以對命運採取的第二種態度。這是一種失敗主義觀點，認為所有結果都由命運決定。自由意志哲學降罪於人，而宿命論則讓人們倍感無力。

第三種態度是肯定並熱愛命運。將逆境看作促使自

己成長的好機會，對坎坷的命運心存感激。

乍看起來，愛命運哲學似乎與自由意志哲學很相似，但是他們在對待「人類無法左右的命運是否存在」這個問題的觀點上，有著本質的不同。

「愛命運哲學」將坎坷的命運昇華為契機。如果尼采看到那些一味訓斥孩子沒有學習天賦的父母們，一定會覺得他們愚蠢至極。相反，如果發現自己在烹飪方面頗有天分，因此而心存感激並最大限度地努力發揮這一特長，在尼采看來，這就是熱愛命運的表現。

殘酷的考驗
是讓我強大的最好夥伴

依我看來，在現實生活中最完美的實踐了尼采「愛命運哲學」的人，就是在日本被稱為「經營之神」的松下幸之助。

松下幸之助是個傳奇人物，到九十四歲高齡去世時為止，他總共擁有五百七十家企業，從業人數達到十三萬人。由於父親破產，松下幸之助在小學四年級時就被

迫輟學，少年時期與年輕時代可說是非常艱苦。後來，
有人問起他的成功秘訣，他回答道，「幸虧我出生時，
上天給了我三大恩惠」。

　　這三大恩惠即：出身貧寒，天生體弱，沒錢求學。
因為出身貧寒，松下幸之助養成了勤奮工作的習慣。因
為天生體弱，他體會到了健康的重要性，一直不懈鍛煉
身體，逐漸變得比那些生來身體強健的人更健康。因為
小學四年級就輟學了，所以即使面對一個小學生，他也
覺得有很多可以學習的東西，正是這種謙虛好學的態度
讓他積累了豐富的知識，增長了智慧。

　　對於常人來說令人感到挫敗和絕望的環境，松下幸
之助卻將它轉變成了成功的契機。所以說，他是一個熱
愛自己的命運，並將其命運積極昇華的人。

　　或者有人會認為，用自由意志哲學可以更好的闡釋
松下幸之助的一生。可是，即使是松下幸之助，也有無
論如何都無法改變的東西。假如他無視自己在經營方面

的天賦，就因為兒時覺得某位歌星很風光，於是也想成為歌手。鑒於他有著很強的意志力，可以想像他會通過努力達到一定的水準，但是其成功程度肯定不能與他作為企業家的成功程度相提並論。如此看來，松下幸之助並沒有否定自己的命運，而是昇華了它。

尼采所主張的愛命運並不是宿命論，而是一種將命運當作自身成長的基礎來加以利用和昇華的哲學。尤其是，他認為艱辛多舛的命運才是成為偉大人物所必需的絕好條件。

如同樹木要經過狂風暴雨的歷練才能茁壯成長一樣，要成為偉大的人物，必須置身於惡劣到足以讓常人絕望的環境之中。

對此，尼采論述如下：

　　惡毒——放眼那些完美的人類或者民族，不妨捫心自問：參天大樹的成長，能撇開狂風暴雨與惡

劣天氣嗎？對於德行來說，所有來自於外界的不幸、壓迫、憎惡、嫉妒、固執、不信、冷漠、貪欲、暴力難道不是必不可少的嗎？它們為德行的成長營造了有利的環境。毒藥可以殺死軟弱者，可對於強者來說卻是強壯劑。強者也從不稱之為毒藥。

可是，「肯定並昇華命運的成功者」並非只指松下幸之助這樣的在社會上取得成功業績的人物。例如，尼采本人，他徹底肯定了自己的命運，並宣言即使自己所經受的所有痛苦捲土重來也無所謂，但他卻不是一個社會上的成功者。

當尼采的頭腦中迸發出愛命運的思想時，他只是個名不見經傳的小人物，他的所有著書根本沒有銷路。可即便如此，他仍然滿足並肯定了自己的人生。儘管不是所謂的社會成功人士，但他並沒有浪費自己的生命，在最大限度發揮自身能力的同時，將自身的命運當成自我

發展的契機。

　尼采甚至說他人生中最艱辛的時期對他的發展起到了最大的幫助作用。

　　我常捫心自問，對於一生中最艱難時期的依賴是否勝於其他時期。我最深層面的本性告訴我，從更高的立場和更宏觀的角度來看，一切必然都是有益的。我們不僅要承受它們，更要熱愛它們。愛命運，這是我最深層面的本性。說起我那曠日持久的病痛，相比於健康，我因為它而收穫更多。我從疾病中獲取了更大的健康！甚至連我的哲學都來源於病痛。唯有偉大的痛苦才是精神最後的解放者。

　　我懷疑，痛苦是否起到了「提升」的作用，但我明白，它確實深化了我們。（省略）我們作為另一個人從長期而危險的自我演練中脫身出來。

　　自由意志論的信徒在否定命運的同時，試圖成為自己命運的主宰。他們在意願得以實現的時候會以命運的勝利者自居，揚揚得意。反之，在無法實現自己的意願之際，就會自我憎惡。自由意志論的信徒將自己放在世界的對立面，將世界當成任由自己隨意處置的東西。與之相反的，宿命論者則認為世界具有自己所無法匹敵的絕對力量。

　　但是，對肯定和熱愛命運的人來說，即使世界給我們帶來殘酷的歷練，我們也會把它當作是促成我們成長和成熟的益友。所以，愛命運的人在感謝世界的同時，也熱愛這個世界。在尼采看來，真正的幸福是憑藉對世界的感激和熱愛，來超越與世界之間的分歧和對立。

第四個問題
「怎樣化解人與人之間的矛盾？」

尊重你的敵人

對於高尚的人來說，

敵人可以讓自己變得更加卓越。

競爭和衝突
乃萬物之父

　　　　　　　　每個人都可能感歎過「世
界怎麼會是這個樣子？」人們為什麼不能相互愛護，反
而彼此憎恨爭鬥呢？今天的報紙上依然充斥著人與人之
間或大或小的爭鬥，殺人，叛亂和武力鎮壓等內容。

　　眾所周知，對於人類整體來說，以原子彈和氫彈為
代表的所有武器都有百害而無一利，但是這一刻，數不

勝數的武器依然在被製造和使用。

長久以來，「如何克服人類之間的矛盾和鬥爭」這個問題一直是宗教和哲學探討的重要課題。老子和孔子，佛祖和耶穌，很多思想家和宗教家從很早以前就開始思考人類為什麼要相互征戰，以及如何才能解決這種矛盾和鬥爭。

那麼，尼采是怎樣看待這個問題的呢？眾所周知，古希臘的哲學家赫拉克利特是尼采最尊敬的思想家之一，赫拉克利特有句名言——「鬥爭是萬物之父」。

和赫拉克利特一樣，尼采也認為人類之間的鬥爭和矛盾有其正面的意義。當然了，這並不意味著提倡鬥爭和矛盾。尼采認為馬克思等人所構想的「人與人之間如同兄弟般相互關愛的社會」——只是一個不切合實際的夢想罷了。

（編按・赫拉克利特，約公元前 540 年～前 480 年，古希臘哲學家、愛非斯派的創始人。）

　　力求積蓄力量的意志是生命現象所特有的，它
適用於營養、生育、遺傳，社會、國家、風俗和權
威。難道我們就不該將這種意志引進化學和宇宙秩
序當中嗎？這不僅是能量持之以恆，也是最經濟的
能量消耗。每種力量中心的唯一現象就是力求強
大，不是自我保存，而是吞併和要求增多、增強，
成為主人。

　　尼采認為，所有的生命體都會追求力量，力圖強化
和提升自己，所以世界範圍內的鬥爭是不可避免的。鬥
爭不僅存在於人類世界，還存在於動物世界，所有動物
都存在於吃與被吃的食物鏈上。

　　在尼采眼中，生命體之間的爭鬥並不是為了滿足各
自的感官欲望，而是為了確認和提升自身的力量。這個
世界的所有生命體都在相互角力，客觀冷靜的承認這個
現實是非常重要的。

尼采認為，希臘人對這個現實有著冷靜的認識，以厭世主義的觀點來看待世界。西勒諾斯的故事正是希臘世界觀的體現。

傳說只要是麥德斯王用手碰過的東西，都會變成黃金。有一天，他問酒神狄俄尼索斯的老師西勒諾斯，「人類最好最優秀的是什麼？」聽了這個問題，西勒諾斯木然呆立，沉默不語。在國王的強逼下，西勒諾斯這才冷笑著回答道：

「可憐的浮生啊，無常與苦難之子。你為什麼逼我說出你最好不要聽到的話呢？那最好的東西是你根本得不到的，這就是你不要降生，不要存在，成為虛無。不過，對於你還有次好的東西——立刻就去死吧！」

　　尼采通過這個故事來證明希臘人並非我們所想像的那樣開朗樂觀。當然，他並不認為希臘人因此而停留在厭世情緒中躑躅不前。在他看來，正是希臘人將人類之間的鬥爭昇華為建設性的競爭，由此而戰勝了這種厭世主義。

為什麼憎惡和
恐懼競爭？

　　　　　　　　尼采認為希臘人是擁有強
健體魄的人種。荷馬的《伊利亞特》中有個場面，阿喀
琉斯把殺死自己夥伴的赫克托耳綁在戰車上疾馳，希臘
人的殘忍、冷酷無情和超強的勝負欲由此可見一斑。

　　但是，希臘人卻將這種勝負欲昇華為建設性的競爭
精神，通過奧林匹克運動會，用和平的方式進行肉體力

量的競技。不僅如此，他們在生活的各個領域中都開展競爭，甚至舉辦悲劇表演比賽。著名悲劇作家索福克勒斯就曾經在這個比賽中獲得五次冠軍。

尼采的觀點與基督教及佛教不同，對於人類的好勝心和勝負欲，他並不持否定態度。相反，他認為這種欲望和心理可以成為促進文明發展的動力。他認為希臘人也持有相同觀點。

> 所有古代希臘人對於忌恨和猜忌的想法都與我們不同，並且贊同赫西俄德（古希臘詩人）的判斷，他描繪了一個邪惡的厄里斯，她引領人們在滅絕一切的敵意戰爭中互相殘殺。然後又讚揚了另一個善良的厄里斯，作為醋意、怨恨和嫉妒，她激勵人們採取行動，但不是投身於殊死搏鬥一類的活動，而是投身於競賽的活動之中。

　　儘管厄里斯是不和女神，但是赫西俄德認為她裡面存在著善良和邪惡兩個厄里斯。尼采甚至將善良的厄里斯看作世界的原則。

　　　這是一個汲自最純淨的希臘精神之井的神奇觀念，（省略）神話裡的厄里斯被轉化成了世界原則。希臘個人和希臘國家的競賽觀念被從體育和競技，從藝術對唱，從政黨和城邦間的角鬥中引伸開來，成為最普遍的觀念，以致現在宇宙之輪繞它旋轉了。永恆的唯一的生成，一切現實之物的變動不居——它們只是不斷地活動和生成，卻並不存在，赫拉克利特所主張的這一切，真是一種令人昏眩的可怖思想，其效果酷似一個人經歷地震時的感覺。失了對堅固地面的信賴。把這種效果轉化為其反面，轉化為崇高和驚喜，實在需要驚人的力量。

東方哲學中有種陰陽五行學說。這種學說也認為宇宙中不只存在相生，同時還存在相剋，沒有相剋，宇宙就無法正常運行。

眾所周知，五行是指構成萬物的五種基本元素：木、火、土、金、水。木生火，火生土，土生金，金生水，這就是相生關係。相反，木剋土，土剋水，水剋火，火剋金，這就是相剋關係。無論相生還是相剋，都不能單獨存在於宇宙當中。

當然，尼采也認為宇宙中不只存在競爭和鬥爭。哪怕只是人類社會，也不能僅僅憑藉競爭和鬥爭就能正常運轉，因此，人們通過分工合作來互相幫助。如果沒有農民種植的大米，在工廠工作的工人就無法生存，如果沒有工廠生產的農具，農民在耕作時就會很費力。

人們總是肯定合作而否定競爭。尼采卻認為，沒有競爭的社會就沒有發展。只有競爭才能讓人們最大限度

地發揮自身能力，為了成為偉大人物而竭盡全力。

　　對此，尼采他如此認為：

　　希臘的藝術家，例如悲劇詩人，是為勝利而創作的。沒有競爭，他們的全部藝術便不可想像。赫西俄德的善良的厄里斯，也就是功名心給他們的創造力插上了雙翼。

昇華競爭和
衝突的方法

尼采並非肯定人類所有的競爭和鬥爭,在他看來,擁有壓倒性力量的人和比自己弱小的人較量是件很卑鄙的事情。

例如,當下韓國大企業正在侵佔街巷市場,將小商販和小規模私營企業者排擠出局。如果尼采看到這個場景,肯定會斥責那些大企業的老闆不知羞恥。因為他認

為只有下述情況才是正當的鬥爭和競爭。

　　與敵人平等——這是公平決鬥的第一前提。如果輕視對方，就不可能戰鬥。如果你覺得自己在俯視對手，那麼就根本沒必要戰鬥。我只在找不到同盟軍的情形下孤軍奮戰，只在僅會導致我一人陷入危險的情形下發動攻勢。除非我將陷入險境，否則我從不出擊。這是我關於正直行為的標準。

換句話說，競爭和鬥爭只有在競爭對象與自己相同或者比自己更為強大，自己正處於危險境地的時候才是公平的。只有在這種情況下，競爭和鬥爭才能成為互相增強和提升的契機。

我們可以把這個意義上的競爭和鬥爭稱為「愛的鬥爭」。只有當鬥爭處於這種「愛的鬥爭」的狀態下的時候，人們之間才能互相尊重，由衷祝賀對方的勝利。用

這種方式來競爭的人無論面對怎樣的結果，都不會憎惡和猜忌對手。因為他們的目的是通過競爭來瞭解自己和他人的力量，提升自身能力。這就是尼采所說的具備四種美德的人。

四種美德——對待自己和朋友要正直，對待敵人要勇敢，對待被征服者要寬容，還有就是永遠彬彬有禮。這就是我們應該效仿的四種美德。

尼采最憎惡的穢德是怨恨。人一旦陷入怨恨，失敗的時候便不會將原因歸結於自身實力、能力或者努力的不足，只會認為一切都源於對方的邪惡和自身的善良，於是暗中盼望「邪惡的」對方死後下地獄。或者將失敗歸咎於社會結構的不合理，而夢想著一切可以平均分享的社會的到來。

不可否認，社會結構的不合理所導致的人們無法擁

有平等機會的情況確實存在。這就需要我們打造一種所有人都能平等享受機會的社會結構。

比如有的人因為是孤兒，所以從小就被剝奪了受教育及其他機會。有的人讀書刻苦，也很聰明，卻因為家境貧寒而無力上大學，這些情況絕對不應該存在。但尼采所主張的是，不要將所有問題都歸咎於社會和他人，因為這樣做是卑鄙狡猾的。

或許是因為鬥爭和競爭的副作用太大，所以我們總是習慣性的以否定的眼光來看待競爭和鬥爭。也正是因為這個原因，人們才會傾向於那些主張在所有領域中消除競爭和鬥爭的思想。

前面已經提到，我在大學時也曾經信奉過旨在消除競爭和鬥爭、打造人和人之間互幫互助的社會的馬克思主義。尼采卻認為，鬥爭和競爭是不可避免的，既然不可避免，就應該思考什麼樣的鬥爭和競爭才是正面的，並引導其發展。

　　我小的時候，社區醫院的醫生和護士的態度都很冷漠。當時的人們之所以不願意去醫院，醫護人員的冷漠肯定是原因之一。那現在的醫院又如何呢？醫護人員都很熱情親切。這應該不是因為他們突然變得耐心體貼，而是因為醫院之間的競爭。看到這裡，我們就不能說競爭和鬥爭有害無益。因此，我們要維持競爭和鬥爭，將其昇華為我們所希望的形態。

根除欲望，
生命也會被瞬間斬斷

　　　　　　　　我們可以將尼采的哲學看
作昇華的哲學。尼采和盧梭（編按‧1712 年～1778
年，法國思想家）一樣，都在某種意義上主張「回歸自
然」，但是尼采所指的自然與盧梭不同，他也並非單純
的主張恢復自然狀態。盧梭等人對文明和文化持批判觀
點，認為它們「導致並加劇了不平等」。

與之相反，尼采並不否定文明和文化本身，他批判的只是其中違背和壓抑自然的部分。

尼采之所以批判柏拉圖式的二元論和基督教，其中的一個重要原因就是因為它們壓抑和違背自然。這些理論將人類的自然欲望視為禁忌並強加抑制，認為競爭和勝負欲助長了世俗的名利欲望，從而對其加以壓制。

對此，尼采他認為，人們應該把性欲昇華成男女間的愛情和藝術創造力，讓競爭和勝負欲更富有生產性和建設性。

感性的昇華叫做愛，它是對於基督教的偉大勝利。另一種勝利是我們的敵意的昇華。這就是深深領悟擁有敵人之價值，簡言之，行動和推論一反從前之行動和推論。教會在一切時代都想消滅它的敵人；我們這些非道德主義者和反基督徒卻以為，我們的利益就在於有教會存在。（省略）政治上的敵

意也有所昇華，——明智得多，審慎得多，寬容得
多了。幾乎每個政黨都明白，為了保存自己，反對
黨應當有相當力量。這一點適用於大政治。特別是
一個新的創造物，譬如說新的國家，需要敵人甚於
需要朋友：在對立中它才感到自己是必要的，在對
立中它才成為必要的。

性欲和競爭中的好勝心確實為人與人之間的關係增
添了很多矛盾和紛爭。尤其是看到強者蔑視和壓制弱者
時，相信所有人都會義憤填膺……

但是，並不能因此就消除競爭和鬥爭。

尼采他認為，僅僅因為性欲而導致了強姦等社會罪
惡的發生就要消除性欲，或者因為競爭導致人們之間產
生矛盾就要消除競爭，這些做法十分愚蠢，無異於因噎
廢食。

在尼采看來，基督教並沒有把人類的性欲、好勝心、佔有欲、支配欲、報復心等自然情緒加以昇華，而是將其歸結為邪惡並試圖扼殺。對此，尼采批判說，這些情緒都是生命的本質，將它們徹底根除，無異於切斷生命。

教會用不折不扣的切除方式來克服激情：它的策略、它的「治療」是閹割。它從來不問：「怎樣使欲望昇華、美化、聖化？」它在任何時代都把紀律的重點放在根除（根除感性、驕傲、支配欲、佔有欲、復仇欲）。但是，從根上摧殘激情就意味著從根上摧殘生命，教會的實踐是與生命為敵。

尼采進一步指出，閹割、切除等方法是那些無力控制自身情緒的意志薄弱者的本能選擇。通常，我們都覺得消除了原始欲望的人是崇高的，但是在尼采看來，那

些人不過是無力控制自身欲望的軟弱之人。

　　當然，尼采並不是對所有禁欲主義者都持批判態度。他認為能從容控制自身欲望的禁欲主義者有著強大的自我控制能力。在他看來，只有那些不能控制自身欲望，於是反過來怪罪欲望本身的人才是最大的問題，這些人始終糾結於得不到滿足的欲望和無力消除欲望的薄弱意志之間，備受折磨。

　　　　對感性懷著激烈的、殊死的敵意，始終是一個值得深思的徵兆，藉此可以推測這位好走極端的人的總體狀態。——此外，當這類天性不再堅強得足以經受激烈的治療、驅走身上的「魔鬼」之時，這種敵意和仇恨才登峰造極。不妨回顧一下教士、哲學家以及藝術家的全部歷史：反對感官的最惡毒的話並非出自陽痿者之口，亦非出自禁欲者之口，而是出自無能禁欲者、必須禁欲者之口。

　　在競爭中超越他人，這是人與生俱來的欲望，即便目的是在消除競爭和鬥爭的集團內部，競爭和鬥爭也處處存在。在推行馬克思主義的革命組織內部，人們也相互競爭，都力爭成為卓越的革命家，獲得承認的人會蔑視得不到承認的人。

　　所以，我們不應該試圖消除競爭和鬥爭，而應該把它們昇華到我們想要的形態，用我們希望的方式去競爭和鬥爭。而且鬥爭的物件至少要跟我們對等，不應該卑鄙的打壓那些比我們弱小的人。

　　我曾經一度癡迷於一種名為 K-1 的角鬥（摔角）比賽。有人問我為什麼喜歡看這麼殘忍的比賽，有意無意的責備著我的殘忍。但是我卻覺得這種角鬥比賽真的很精彩。首先，比賽雙方實力相當，而且是在不犯規的情況下堂堂正正的競技。比賽結束後，無論輸贏，選手們都會互相擁抱，失敗一方向獲勝者祝賀，獲勝者則回

贈以勉勵。

　　儘管這種態度可能只是一種表象，但是我並不完全這麼認為。因為在我看來，無論勝負，雙方選手都完全有可能對竭盡全力的對手心懷尊重，並得到真心回饋。

　　有一次，一個選手在整個比賽中，由始至終都處於被動挨打的地步，並最終輸掉了比賽。之後這位選手拿著話筒對觀眾說：

　　「各位是不是也覺得戰勝我的這位選手打得特別精彩？跟他相比，我在這場比賽中的表現簡直糟糕透頂。讓我們一起來為他鼓掌。」

　　這難道不令人感動嗎？如果這種健康的勝負欲和鬥爭方式能在社會各領域實行，那麼這個社會就會變得充滿活力，人人相互尊重。

第五個問題
「不信奉神，就會變得不幸嗎？」

真正關心你的神
根本不存在

教堂如果不是神的墳墓和墓碑，

又是什麼？

尼采
為何殺死神？

上帝死了！上帝不會再復活了！是我們把他殺死了！我們這些兇手中的兇手，又應該如何安撫我們自己？

在我看來，「上帝死了」這句話，才是尼采所留下的最著名的言論。可是這句話聽起來却非常矛盾。因為

上帝之所以不同於人，就在於上帝是永遠不死的存在。因此，尼采所說的「上帝死了」這句話，應該從其象徵意義的角度來理解，而不能只看其文字表面含義。它意味著進入近代社會之後，人們不再相信神明。

西方中世紀時期，人們把解決問題的希望寄託在神的身上。但是進入現代社會以來，人們開始試圖憑藉自己的力量來解決問題。人類所面臨的苦痛通常都來自於大自然和社會。既可能是暴雨和乾旱等自然災害，也可能是戰爭及不平等的社會結構所帶來的痛苦。

現代人期待通過發展科學技術來克服災害，期待通過社會結構改革來消除不合理的社會結構所引發的痛苦。這種希望依靠自身的力量來解決問題的努力在很多方面都取得了顯著的成果。因此，與神相比，人類變得更加相信自己的力量。

到了現代，隨著科學技術的發展，人們已經不再需要借助於神來解釋自然現象。之前人們將打雷看作是神

的震怒，如今卻可以用自然法則來說明。另外，隨著人類學和民俗學等社會科學的發展，人們認識到那些不信奉基督教的民族，一直以來也生活得很幸福。

因此，與中世紀相比，基督教在西方社會所具有的影響力已經大大縮減。尼采所說的「上帝死了」，正是對這種狀況的闡釋。

儘管如此，基督教的信徒依然眾多，其中一些人視其他宗教為異端邪說，或者斥責他們只不過是偶像崇拜。在很多韓國家庭中，圍繞著祭祀等問題，不信奉基督教和信奉基督教的家庭成員之間，也產生了很多或大或小的矛盾。

在尼采看來，宗教是人類創造的，並非神所賜予。對他來說，創造了宗教並降臨恩寵和責罰的「上帝」是一個無比幼稚的概念。他認為這個幼稚的概念其實與耶穌的教誨毫不相干，因為制度化的基督教教義並不等同於耶穌的教誨。

尼采認為，耶穌堅信包括自己在內的所有人都是上帝的子民，人人平等。另外，耶穌回避所有類型的爭鬥，教導人們遠離「憎惡」等否定情緒。

耶穌甚至主張不必抵抗惡行，從一開始就不應該擁有抵抗的能力，以此獲得和平安詳，人與人相互關愛親如手足，在這個狀態中找到永恆完滿的幸福。也就是說，耶穌認為完滿的幸福存在於我們的內心深處，而不是來世。即「上帝的國度在你們裡面」。

從這種意義上來說，尼采認為耶穌所說的天堂並非人死後的歸宿，只是我們內心的一種特定狀態的象徵。

在尼采看來，除了「上帝國度」及「天堂」等詞彙之外，耶穌所說的「神之子」和「聖父」等表述也都是象徵。

「神之子」象徵萬物都能得到神聖極致的祝福，「聖父」則象徵著永恆和完滿。

鑒於耶穌用象徵的方法來表現自己的核心觀點，尼采稱其為偉大的象徵主義者。

尼采進一步主張，「帶來福音」的耶穌之所以選擇死在十字架上，並不是為了拯救人類，而是為了展示應該如何生活。面對針對自己的中傷和打壓，耶穌從不抵抗和憤怒，也不為自己辯解。相反，他至死都愛著那些仇殺他的人。耶穌留給人類的不是特定的教理體系，而是生存的範本。

尼采認為，耶穌的教誨與制度化的基督教的內容完全不同，甚至是對立的。另外，制度化的基督教教義是由保羅而不是耶穌所確立的。尼采認為，耶穌傳播了幸福的消息，也就是福音，而保羅則是製造了壞的消息，即禍音。

保羅與「福音傳播者」截然相反，他是一個製造憎惡、幻想和冷酷邏輯的天才。他極度憎惡當時社會上的傑出人士，制訂了「不信奉耶穌者必下地獄」的教義。

在尼采看來，保羅是個被憎惡和怨恨所囚禁的人，他認為「怨恨」是我們最應該克服的低劣情緒。有些人滿懷怨恨，惡意誹謗中傷他人，使之名譽和社會地位受損，在尼采看來，這是最不坦誠和最卑劣的。

尼采所說的滿懷怨恨的人認為自己是善，而對方是惡。認為其人生抱負不能得以施展的原因並不是由於個人能力或努力不足，而是因為對方、社會或者家庭出身的問題。他們覺得自己十分優秀，之所以無法出人頭地，純屬外部客觀原因，因此從不努力克服自身的問題。他們只懂得貶低對方，盼望別人變得不幸。

尼采認為除了保羅，所有信奉他所建立的制度化基督教教義的人也都滿懷怨恨。

　　他還認為社會主義者及無政府主義者們的心中也都充滿怨恨。他們主張人人平等，批判不公正的社會結構，把導致自身生活優劣的原因完全歸結為不合理的社會結構。從這個意義上來說，尼采認為社會主義及無政府主義等平等思想繼承了隱藏在制度化的基督教背後的怨恨。

　　當然，尼采認為統治著社會主義、無政府主義以及基督教的平等思想只是怨恨的產物，對於這個觀點，我們完全有理由去仔細推敲。反之，我們也可以像黑格爾（編按‧1770 年～1831 年，德國哲學家）等哲學家那樣，將以基督教的平等思想為代表的近代民主主義思想和社會主義思想看作悠久的歷史進程中勞動人民逐漸覺醒的獨立意識所形成的產物。

　　黑格爾認為，在人類歷史初期，人們需要為了獲得承認而殊死搏鬥。在這個過程中，抱著必死的信念來搏鬥的人成了主人，懼怕死亡而選擇附和別人的人，當然就成了奴隸。

　　但是，隨著歷史的推進，主人習慣了用奴隸生產出來的消費品進行享樂，精神意志上卻沒有任何進步。與之相反，奴隸們在與自然鬥爭的過程中，逐漸意識到自己理性層面的能力和作為主體的能力。

　　在這個過程中，奴隸們認識到自己與主人擁有同樣的人格。黑格爾認為，最早反應這種觀點的、最具代表性的思想形態，就是基督教一向所主張的「在神面前，人人平等。」而法國革命則致力於將這種理念，應用在政治實踐之中。

　　正如黑格爾所說，基督教和現代平等思想正來自於民眾精神層面的進步。可是即便如此，其中也有可能滲入尼采所說的怨恨情緒。

　　在尼采看來，基督教的平等思想和繼承了這種思想的民主主義及社會主義思想全都是怨恨的產物。而其中懷有最深怨恨的人就是保羅，他巧妙地將怨恨轉化成向當時佔據統治地位的猶太人和羅馬人復仇的思想工具。

保羅將耶穌當成自己復仇的工具，將耶穌用作象徵的「上帝的國度」和「神之子」等概念按照文字的表面含義加以濫用。主張只要信奉上帝的獨生子耶穌，死後就可以去上帝的國度，也就是天堂，而不信耶穌則必定下地獄。

所以，保羅與尼采不同，他不關注耶穌曾經如何生活，只強調耶穌作為上帝之子所具有的無限權能，他把耶穌升格為神和救世主，而不是人。

此外，保羅還捏造了耶穌的復活，將人們關注的焦點從應當如何在當世好好生活，轉移到在最後的審判中到底是上天國還是下地獄。

就這樣，基督教就變成了一個信仰的宗教和崇尚死後上天堂的宗教，而不是實踐愛的宗教。並將一切自然的事物都看成是邪惡和不淨的東西，將身體本能和性欲都視為惡魔。

對此，尼采論述如下：

　　基督教的上帝概念——作為病人之神的上帝，
作為蜘蛛的上帝，作為精神的上帝——乃是世界上
所達到過的最墮落的神的概念之一。它也許是神的
類型衰退過程中的最低點。神蛻化為生命的對立面，
不復是對生命的神化和肯定了！在上帝中表達了對
生命、自然、生命意志的敵視！上帝是對於「此岸」
的一切誹謗，關於「彼岸」的一切謊言的公式！在
上帝中虛無被神化，求虛無的意志被宣告為神聖！

　　尼采認為，保羅所宣揚的靈魂不滅和最後的審判等
概念，一方面是出於對當時統治者的怨恨，另一方面也
是為了滿足他自己的權力欲望。保羅將這些概念作為武
器，隨心所欲地支配大眾，將普通民眾當成牲畜來加以
馴服。

　　也就是說，人們為了在最後的審判中不下地獄，而慾進入天國安逸自在的生活，就只能服從以保羅為代表的所謂「神的使者」，也就是聖職者的支配。事實上，現在仍然有很多人為了死後能進天堂而殷勤去教堂，將聖職者的話，當作上帝的旨意來信奉。

耶穌並非為
拯救人類而死

　　　　　　　　尼采將耶穌和保羅加以區別，指責保羅歪曲了耶穌的真正理念，但是對於耶穌，尼采也並未給予很高的評價。

　　因為尼采強調耶穌精神和制度化的基督教之間的區別，因此很多研究尼采的學者便認為尼采是肯定耶穌的，甚至做出荒唐的推測，以為尼采所說的超人就是耶

穌。但是，尼采眼中的耶穌其實是個「由高尚、病態、幼稚等融合而成的、耐人尋味的 DECADENT」，這裡的「DECADENT」指的是「生命力衰頹的人類」。

耶穌愛所有人，甚至包括敵視他的人們。在尼采看來，耶穌精神就是軟弱的病態生理狀態的產物。換言之，這種精神源於對於痛苦和刺激的極度敏感。這就類似於觸覺異常敏感的狀態，哪怕碰到一點堅硬的東西，都會不由自主的退縮。

在這種病態的狀態中，人會本能的（自然而然）憎惡和恐懼現實，認為現實是無法掌控和理解的，因而安於「內在」世界。

正是因為這種極度的敏感，即便是微不足道的痛苦也會讓他們恐懼。因此他們認為所有的憎惡、敵意、局限和距離都是令人不快的，於是他們開始追求精神上的和平，不再抵抗醜惡的事物，轉而選擇愛和包容。

　　直截了當的說，尼采認為耶穌逃避現實的刺激和痛苦，只蜷縮於內在的平和。因此，他將耶穌精神看作伊壁鳩魯等哲學家所主張的享樂主義的一種崇高昇華。

　　伊壁鳩魯（編按・公元前 341 年～前 270 年，古希臘哲學家，快樂主義倫理學的代表人物）畢生都在思索「如何才能獲得心裡的平和與寧靜。」他認為政治等事物只會讓人煩躁混亂，主張和情投意合的友人一起隱遁於鄉野。

　　鑒於對耶穌的如是理解，在尼采看來，耶穌和佛都是一樣的，即極度傾向於弱者。也就是說，他認為耶穌精神和佛教精神從根本上說是相同的，都源於同樣的生理狀態，都試圖用內在的平和來逃避現實。

尼采認為，陀思妥耶夫斯基和托爾斯泰等俄國作家最真實的再現了耶穌的面貌。比如陀思妥耶夫斯基的作品《白癡》中的梅詩金公爵，他天真無邪，從不懂得怨恨別人，與耶穌極為相似。

宗教是軟弱的人
所虛構出來的

尼采他將宗教大致分為兩種。一種是不強調負罪感，只注重增強和提升人的力量，古希臘和羅馬的宗教便是其中的代表。另一種就是保羅創建的基督教，將世間的力量和快樂視為罪惡，要求人們不斷悔改。

尼采認為，宗教源自人類自身的虛構。儘管都是虛

構，但是它們各自的特性卻千差萬別。在尼采看來，希臘羅馬的神話讓人的力量得以增強和提升，相反，基督教式的神話則只會讓人愈加軟弱無力。

希臘羅馬的諸神除了擁有不死之身以外，和人類並沒有什麼不同。他們跟人類一樣有性欲和食欲，有愛有憎，甚至互相爭強鬥狠。

因此，尼采覺得希臘人和羅馬人並不認為人類所具有的這些自然本能是罪惡的，相反，他們認為這些自然本能是神聖的。

但是基督教卻不同於希臘羅馬的宗教，它認為人類的自然本能和欲望，以及本能和欲望得到滿足時所產生的快感都是罪惡的。所以基督教信徒會與自己產生分歧，虐待自己，被負罪感折磨。

尼采對宗教的分類讓我想到了艾瑞克・弗洛姆（編按・1900 年～1980 年，美籍德國猶太人，人本主義哲學家、精神分析心理學家），後者將宗教分為人本主義

宗教和權威主義宗教。當然了，這並不意味著尼采和弗洛姆的宗教觀是相同的。

首先，因為兩個哲學家探討人的方式差異很大，因此，他們各自的宗教觀也迥然不同。這裡無法對此進行詳細闡述，但是兩人之間的共同點是，宗教是人為創建的，所以必須要為人而不是為神服務，其目的則是為了讓人類更加成熟。弗洛姆採用客觀的思考方式，認為有助於培養闡明和關愛他人的潛力的宗教是人本主義宗教，而壓制或消減這種潛力的宗教則是權威主義宗教。他認為，基督教中同時包含著人本主義和權威主義兩種因素。

舉例來說，只有信奉基督教的人才能進天堂，這種教理就是基督教內部的權威主義因素之一。而這裡所說的信奉基督教，即對「耶穌是上帝的獨生子，他背負起人類的原罪，被釘死在十字架上」這件事深信不疑，並且每個週末都去教堂做禮拜，交「什一捐」。

但是，持之以恆的表白自己相信「耶穌是上帝的獨生子，他背負起人類的原罪，被釘死在十字架上。」每個週末去教堂做禮拜，捐贈所得十分之一的財物，人就會變得更成熟，或者就會得到更多的愛嗎？難道信徒們不會驕傲於自己得到了進入天堂的承諾，將其他宗教斥為異端，日甚一日的盲信下去嗎？

當年海嘯襲擊了泰國和日本，一些牧師居然說這些國家之所以遭受災難，是因為該國的民眾不信基督教的緣故。這些牧師的說法，就是最典型的權威主義的體現。而此時的上帝則是極其狹隘的，即只愛信他的人，而滅殺那些不信他的人。

同時，基督教中還有著人本主義的一面。基督教中的上帝無私的愛他的子民，不會因為人們相信他而特別垂愛，也不會對不相信他的人們加以驅逐。這樣的上帝是無私而博愛的。

　　要想更靠近無私博愛的上帝，不是反覆說「耶穌就是上帝」，也不是參加各種各樣的儀式，而是變得更加成熟睿智，熱愛所有生命。

　　耶穌曾經說過，即使不知曉基督教的人，只要他們能為又饑又渴的人無私的給予食物和水，他們就是離上帝最近的人。

　　舉例來說，舊約和新約中的如下段落體現了人本主義宗教的精神。

・你們雖然向我獻燔祭和素祭，我卻不悅納。（省略）惟願公平如大水滾滾，使公義如江河滔滔。（阿摩司書 5:22-24）

・這些事你們既做在我這弟兄中一個最小的身上，就是做在我身上了。（馬太福音 25：40）

- 誰是我的母親？誰是我的弟兄？（省略）凡遵行我天父旨意的人，就是我的弟兄、姐妹和母親了。（馬太福音 12：48-50）

- 從來沒有人見過神。我們若彼此相愛，神就住在我們裡面，愛他的心在我們裡面得以完全。（省略）住在愛裡面的，就是住在神裡面，神也住在他裡面。（約翰一書 4：12-16）

　　越是相信權威主義宗教，人們便越傲慢，以為自己信奉的是絕對真理，排斥其他宗教和思想，貶斥其虛偽乃至是異端邪說，進而成為排斥異己的狹隘之人。

　　十字軍戰爭以來，基督教和伊斯蘭教之間一直存在著深刻的矛盾，而矛盾之所以不可調和，是因為這兩種宗教的信奉者信仰宗教的方式大都是權威主義性質的。

　　基督教的信徒們認為神只能有一個名字，那就是
「耶和華」，而伊斯蘭教的信徒們則堅持只能稱呼他們
的神他們的真主為「阿拉」。

　　而這種權威主義現象還存在於某些類似宗教的政治
意識形態統治的地方。比如納粹主義、布爾什維克主義
就分別宣揚德意志民族和無產階級可以拯救人類，同時
對希特勒、史達林、金日成等人進行神化。

　　在將金日成、金正日、金正恩當作神一樣崇拜的朝
鮮，權威主義宗教的所有負面現象都有著最直觀的體
現。即便是在今天，朝鮮也不承認除了金日成、金正
日、金正恩之外的神。

　　因此，朝鮮民眾若想成為優秀的「人民」，只能盲
目的信從主體思想，參加政府和共產黨所舉辦的各種活
動，以此來展現自己的忠誠。

　　這種權威主義性質的宗教不管是以宗教的形式來體
現，還是以類似宗教的政治意識形態來體現，總之，都

帶有祈福的特性。人們之所以無條件的信奉基督教、伊斯蘭教乃至主體思想的教理，其實並不是為了上帝或者金正恩，而是為了自身的安樂。人們為了上天堂而信奉基督教和伊斯蘭教，為了成為優秀人民，從而晉升為平壤市民及共產黨員而信奉主體思想。因此，人們越是信奉這些權威主義性質的宗教，就越是自私。

相反，越是信奉人本主義性質的宗教，人們就越來越博愛、成熟和智慧。因為人本主義宗教中的神是種完美體現著博愛、慈悲和智慧的存在。

這裡所說的智慧，指的並不是在現實生活中狡猾的謀取自身利益，而是懂得如何區分人生中真正重要的東西，並懂得為之奉獻。

我們總是執著於那些死後無法帶走的無常事物，為了最大限度地佔有它們而耗盡全部精力。而歷經各種努力得到這些東西的人，在世俗的角度被人稱讚為智者，可是從人本主義的層面來說，他們卻因此而錯失了真正

重要的東西，是愚蠢的。

　　信奉人本主義宗教的人們所面對的課題是實現自己在理性方面的潛力，比如博愛和慈悲。他們會越來越懂得關愛和體諒他人，並擁有真正的大智慧，幫助其他人找到自己的本性。見解敏銳的艾瑞克・弗洛姆認為佛、耶穌和神秘主義哲學家愛克哈特（編按・1948 年在德國出生，後來移民加拿大，成為心靈大師）才是這種人本主義宗教的實現者。

如同植根於大地的
樹木一樣生活

　　　　　　　　　　尼采和弗洛姆兩人以是否
有助於強化人的潛力來區分宗教，對於他們來說，這種
區分標準遠遠重要於某些宗教是否相信人格神及唯一神
的標準。

　　但是，儘管尼采和弗洛姆有著上述相同點，但是對
於人類有待開發的潛力，兩人卻有著不同的見解。

對於最能激發人類潛力的主體，弗洛姆列舉了佛陀、耶穌等宗教聖人，而尼采則以凱撒大帝和拿破崙等強人為典範。

尼采認為，人類不可能像宗教中的聖人一樣完全拋棄以自我為中心的特性和好勝心，這樣也是不對的。恰恰相反，他認為人類應該將以自我為中心的特性和好勝心昇華到極致。因為在所有人和群體都激烈競爭的環境當中，選擇拋棄以自我為中心，無異於自取滅亡。

對於真正的佛教徒及真正的基督教徒來說，即使面對外敵入侵，他們也不會拿起武器來迎戰，而是會向敵人宣揚和平。

耶穌曾經說過，如果別人打了你的右臉，你應該再把左臉伸過去（這和別人吐你口水，你不能抹掉，而要讓它自乾一樣）。佛祖也是一樣，當琉璃王試圖侵入他所出生的釋迦族時，他並沒有號召釋迦族團結起來一致對敵，反而只是在敵人來襲的路上默然打坐。佛祖憑此

讓琉璃王一連三次原路折返，當他們第四次入侵的時候，佛祖意識到這是「前世的業報」，坦然接受了這個現實。

尼采認為，在激烈競爭的現實中，人類必須增強壓制他人的好勝心、勇氣、自負以及隨機應變的智慧。凱撒大帝和拿破崙等強人將以自我為中心的好勝心轉化為進步的動力，因此擁有了超乎常人的勇氣和自負，成為具備領導能力的人。

當今世界，不光國與國之間時時競爭，即使一個國家內部，也存在著各個集團之間的競爭。基督教和佛教的真正理念在現實中並不能得以實現。我們身邊的基督徒和佛教信徒更多選擇了適當向現實妥協。人們自稱是佛教或者基督教信徒，卻要在服兵役的時候去學習如何有效的殺人。

　　尼采認為這種國與國之間、各集團之間、人與人之間的競爭永遠不會消失。他甚至說「征服和占取是人生的本質。」在他看來，耶穌和佛所宣揚的世界大同主義讓人們變得越來越軟弱被動。

　　尼采所崇尚的價值如下：

　　　　自負、激情、獸性、酒色、冒險以及征服的本能、熾情的神化……

　　尼采認為希臘和羅馬的宗教實現了上述價值。

　　希臘和羅馬的宗教並不宣揚兄弟情誼等世界大同思想，而是讚揚本民族的偉大和光榮，賦予人們強大的自豪感和自負。

　　這種宗教並不信奉絕對的善神，而是超越了善惡。神並非只博愛、慈悲和道德高尚，恰恰相反，他們很傲慢、得意於自己的成就，很多時候，他們的行為用通俗

意義上的善惡觀來看甚至可以被歸納為惡行。比如宙斯就是個十足的花花公子。希臘和羅馬的神將存在於世上的很多種力量和人類的情欲神聖化了。

尼采如此認為：

> 對神做一種反自然的閹割，使之只是良善，這絕對不是件正確的事情。因為我們之所以能夠生存，並不完全仰仗於寬容和好意。一個對於憤怒、復仇、忌妒、嘲笑、奸詐、暴戾一無所知的神，一個從未經歷過勝利和滅絕所帶來的強烈快感的神是毫無用處的。

尼采認為基督教信奉的神和佛教崇拜的佛都是被閹割的神，是女性化的神。他認為，在基督教依然崩塌的現實中，需要新的理想來取代基督教的人格神。他寄希望於超人，希望人們在經歷苦難和痛苦時不要再依賴人

格神，而是成為擁有強大意志力和生命力的超人，無論
遇到何種苦難都能欣然接受，除了肯定現實並熱愛自己
的命運。

　　尼采認為超人是「綜合了耶穌基督和凱撒的人」。
超人擁有強大的自負，勇氣，機敏的智慧，勇於挑戰比
自己強大的人，對敗者則充滿寬容和慈悲。尼采主張用
超人的理想取代死去的神。

　　　看啊，我教你們以超人！

　　　超人是大地的意義。讓你們的意志說：超人是
　　大地的意義！

　　　我懇求你們，我的兄弟們，忠實於大地吧，不
　　要相信那些對你們闊談超塵世的希望的人！不管他
　　們知不知道，他們都是放毒者。

　　　他們是生命的蔑視者，垂死者，本身就是中毒
　　者，已經為大地所厭倦，那就讓他們去吧！

從前，對上帝的褻瀆是最大的褻瀆，然而上帝已經死了，因此這些褻瀆者也就死了。現在，最可怕的褻瀆就是對於大地的褻瀆。

將世界分為彼岸和此岸，認為此岸是苦海淚谷，而彼岸則是不存在任何苦痛的天堂，對於尼采來說，這種二元論式的思考方式是生命力衰退的徵兆。而人們之所以用這種方式來思考，是因為他們的生命力已經衰退到無法靠自身的力量來適應這個無盡生成泯滅的世界，於是只好製造出另一個世界，將現實世界當作假象，而將另一個世界看成是真實的。在尼采看來，這是他們對這個世界的報復。

若非有著強烈的誹謗、蔑視、埋怨生活的本能，編造另一個世界是毫無意義的。當這種本能很強烈的情況下，我們才會虛構出另一個世界、更好

的世界的幻象來報復生活。

對於尼采來說，在這個世界上，無數權力意志盲目追求著自身的力量，超越這個世界的彼岸和來世是不存在的。人們無法接受這殘酷的現實，所以才會虛構出上帝、來世和天堂，並將其作為依賴的對象。

尼采認為，自柏拉圖（編按・約公元前 427 年～前 347 年，古希臘哲學家）以來，西方傳統哲學也像基督教一樣，將生成消亡的現實世界看作假象，相信在這之上方還存在著一個永恆不變的世界，以此為世人帶來甜蜜的寬慰。因此，他提出今後的哲學必須正視並接納現實。

一個天才可以容納多少真理，敢於提出多少真理呢？在我看來，這日益成為真正的價值標準。錯誤（對理想的信仰）不是出於盲目，而是出於怯

懦……認識上的每個成就和每次進步，都是鼓起勇氣、磨煉自己和淨化自我的結果……我並不反駁理想，我只是在它們面前帶上手套罷了……我們追求被禁錮的東西：在以此為信號的戰鬥中，我的哲學必將取得勝利，因為，從根本上來說，至今為止被禁錮的東西無非是真理。

尼采曾經對妹妹伊莉莎白說過，「真理是可怕和醜陋的，如果你要祈求心靈的平和與快樂，就去擁有一個信仰。」尼采要求對傳統的宗教和哲學採取懷疑和鬥爭的態度，認為只有這種懷疑和鬥爭才能打造出具有男子氣概的人，讓人類發展強大。

有關來生的幻想使得人們對於今世有了錯誤的看法。這是各個民族的幼年期遺留的產物。（省略）通過不斷的懷疑和鬥爭，人類才變得有男子氣

概。人們意識到宗教的起始、發展和結束,都取決
於自身。

　　尼采認為,對於現代人來說,無論是基督教,還是
西方二元論式的形而上學,都無法再向人類揭示生活的
意義和方向。當人類的精神狀態還處於幼兒水準的時
候,還有必要製造和依賴幻想,但是如今人類已經進步
到無法再相信它們的程度。因此人類需要新的生活意義
和理想。

　　尼采他還如此說:

　　　　對於未來的人類來說,迄今為止引發了無數戰
爭和苦難的「神」及「罪」等概念將如同大人眼中
的孩童遊戲或痛苦一般,變得微不足道。到了那
時,成年人需要新的玩具和痛苦。

尼采相信人類的潛力。現實中的人們憑藉堅韌的意志，戰勝各種痛苦和苦難，出色的完成自己被委任的工作。而寄希望於神的時候，人類則變得柔弱不堪，體會到自己的無力，懇求神替自己做所有事情。所以尼采才說沒有什麼比「有所祈願的人」更讓他倒胃口。

　　沒有什麼比有所祈願的人更違背一個哲學家的趣味了。當他僅僅在人行動時看見人，當他看見這最勇敢、最狡猾、最堅忍的動物迷失在迷宮般的困境中時，他覺得人是多麼值得讚歎！他還鼓勵他們。（省略）現實中的人如此值得尊敬，為何他一旦有了願望，就不值得尊重了呢？他必須為他在現實中如此能幹而受罰嗎？他必須在虛構和荒謬的東西中放鬆四肢，以此補償他的行動以及一切行動中的大腦和意志的緊張嗎？人類迄今為止的意志史是人類的羞恥。

尼采要求我們像大樹一樣生活。大樹紮根土地裡，卻依然不斷向上生長。同樣道理，我們不該把天上當成最終回歸的故鄉，而是應該牢牢紮根於地上，肯定土地上的生活，同時為了實現超人的高尚理想而努力。

對我來說，在生存於這顆星球上的所有居民之中，樹木是最高貴的。它們體現著最完美的均衡，它們的根深紮在孕育它們的大地之中，不懈的努力向上生長。

信念是壓迫
人生的負擔

偉大的人必是懷疑者。

執著信念的定是懦夫。

畏懼成長的人
才會創造信念

　　　　　高中時期，我陷入虛無主
義的漩渦，認為人生毫無意義，但當時，我依然渴求著
能為人生賦予意義的絕對真理。我覺得這種絕對真理必
定以精妙的理論形態出現，留意著各種宗教性和哲學性
的教義。

　　我期待從以尼采、齊克果、海德格和雅斯培等思想

家為中心的存在主義哲學中找到人生的意義，下定決心上大學以後一定鑽研存在主義哲學。支撐我熬過那段時期的唯一信念就是渴望存在主義哲學將我拉出虛無主義的泥沼。

但是正如前文所述，進入大學之後，我的人生軌跡有了意料之外的逆轉。高中學長領我參加了一個理念社團，我在那裡遇見了很多學長，他們憂心民族未來，呼籲民族解放。

那是我生平第一次遇到愛民族大眾勝於愛自己的人，我被他們所深深打動。後來，我得知他們奉馬克思主義為金科玉律。於是大學一年級暑假，我通讀了美國著名馬克思主義經濟學家保羅・斯威齊的《資本主義發展論》，從此成了一個堅定的馬克思主義者。

直到現在，我還清楚的記得自己當時被書中絲絲入扣的邏輯理論所吸引，不忍釋卷的樣子。我堅信找到了絕對的真理，因而從高中三年間一直困擾我的虛無主義

中解脫了出來。也就是說，當時的我堅信自己已經找到了生命的意義和人生的方向了。

儘管擺脫了虛無主義的泥沼，但是同時，我的視野也變得狹隘起來，篤信某個特定的理論體系，用其來觀察和評價一切。那之後，我覺得教授們的課堂講義都非常幼稚可笑。我自恃已經掌握了絕對的真理，覺得教授身上沒有值得我去學習的東西，甚至還覺得教授們向學生們灌輸的都是資產階級反動思潮。

在對書籍的選擇方面，我的標準也變得非常狹窄，我唯讀那些贊同馬克思主義的書籍，急於強化自己的理論和邏輯，以期為馬克思主義辯論。而所有批判馬克思主義的書籍，都被我當成是煽動資產階級思潮的讀物而丟在一邊。

和同學們在一起討論的時候，我也急於向對方灌輸馬克思主義。因此，我們之間的對話與其說是討論，倒不如說是我單方面的宣傳和煽動。而當對方不接受我的

觀點時，我就會十分武斷的認為這是因為對方被資產階級虛偽意識蒙蔽所致。那時的我不管讀多少書，進行多少探討，視野都無法變得更開闊，只能在狹隘的狀態中原地踏步。

就這樣，我執著於一種思潮整整七年，後來逐漸對它產生懷疑，最終並拋棄了它。

放棄了馬克思主義之後，虛無主義再次襲來，但好在我已經擁有了不受任何特定的理論體系所束縛的自由視角。儘管內心深處的某個地方仍然空虛，但是另一方面，又覺得豁然開朗。

那之後，我讀了很多各種立場的書籍，逐漸拓寬了看待人類和世界的視野，時隔許久之後，終於再次體會到了讀書的快樂。

可是，在和同學們的討論過程中我卻體會不到任何快樂。拋棄了馬克思主義之後，我試圖尋找正確的思想，於是回到首爾大學讀研究生，但是當時的研究生們

卻都熱衷於馬克思主義。我在課堂上和這些馬克思主義者們探討，越來越覺得這樣只會傷害彼此之間的感情，於是後來就乾脆選擇回避。

再後來，我到德國留學，在那裡遇到了一些學術上的學長，他們不為任何理論體系所束縛，在和他們的交流過程中，我再次體會到了學術探討的樂趣。而當我執著於馬克思主義的時候，我的目標是從理論上壓倒對方，讓對方接受我的觀點。在討論的過程中，從來不想向對方學習什麼。

而在留學期間，我終於體會到討論的快樂和意義不在於戰勝對方，而是向對方學習，並對自己堅信一定正確的見解進行反省。

信念是比謊言
更危險的真理之敵

　　　　　　　　我們所處的世界和歷史時
時都在變化。因此，用一種理論體系來解讀這個不斷變
化的世界是不可能的。尼采從這個角度認為，所有試圖
建立體系的意圖都是不切合實際的。

　　尼采說，偉大的人必定都是懷疑者。這裡所說的懷
疑者並不是指不相信任何真理和意義、只是一味絕望的

虛無主義，而是指懂得如何用不同的視角來看待世界
的、擁有自由意志的人。

　　對於那些抱著信念來行為處事的人，尼采如此說：

　　　　力量及精神力量因懷疑而證明了自己。在價值
　　與非價值的基本問題上，那些有信仰的人是不在考
　　慮之內的。信仰是監牢。看得還不夠遠，看得還不
　　夠向下：但是為了能夠討論價值和非價值的問題，
　　人們必須看到他們自己底下的無數信仰——必須看
　　到他們背後的無數信仰……一個想要變成偉大人物
　　的人，同時想要知道如何變成偉大人物的方法的
　　人，必然是個懷疑主義者。一切信仰的自由都屬於
　　力量，當然，能夠自由地觀察也是屬於力量的。

　　通常情況下，我們覺得那些為了某種確定的信念甚
至不惜奉獻生命的人是強大的。但是尼采卻認為他們是

軟弱的，因為他們喪失了依靠自身力量生存的能力，只能依賴某種信念來支撐生命的重量。

從這個意義上來說，尼采認為所有堅信某種信念並不惜為之犧牲的人都是依賴型的人，他們並不把自己當成目的，而將自己淪為理念的實現手段。

有信仰的人，任何形式的「信徒」必然是一個有依賴心的人，——是一個不能把自己當做目的的人，是一個本身根本不能設定任何目的的人。

「信徒」並不屬於他自己，他只是一個手段而已，他一定是被利用的，他需要某個人來利用他。他的本能給予自我犧牲（die Entselbstung）的道德以最高的榮譽。任何事物都說服他自我犧牲，讓他為了神而犧牲自己。

　　但是即便如此，人們仍然很容易被那些為了宗教理念或者政治意識形態而奉獻自己的人所打動。對此，尼采指出，「相比於某種主張和信念的合理性根據，人們更容易被那些毫不猶豫的為了主張和信念奉獻一切的瘋狂信徒的舉動所影響。」

　　　　他們那種病態的局限性把信仰者變成了狂熱的信仰者——如薩伏那羅拉、馬丁‧路德、盧梭、羅伯斯庇爾、聖西蒙——這些人已經成為強壯而自由之人的相反類型。但是，這些病態的人的偉大態度，這概念的癲癇病患者的態度，對社會的大眾產生了影響，——狂熱的信仰者是活靈活現的，因此，人類寧願去看那些表面的形態，而不願去傾聽其深刻的理由。

尼采認為，篤信某個特定的宗教、政治意識形態或

信念，都是一種自我疏遠，甚至是一種期待自己變成奴
隸的態度體現。

　　他的機巧、他的經驗和他的虛榮。每一種信仰
本身是自我犧牲的一種表現，是自我異化的一種表
現。（省略）用這種規則從外部把絕大多數的人聯
繫起來並且約束起來，就像這種強迫，即在較高意
義上的奴役，這種奴役是意志較薄弱者，尤其是女
人發展壯大的惟一的而且是最終的條件。因此，人
們也是這樣理解確信和「信仰」的。

　　當依賴於某種專斷的信念時，我們會找到確定的人
生意義、方向及生活的力量。但代價是因此而失去自由
比較各種信念的思考寬度，以及作為主體來思考的能
力。因此，尼采認為所有的專斷信念都是阻礙人們自由
思考的牢籠。

尼采主張我們應該不受拘束的面對各種信念，將它
們當成增強我們生命力的方式手段。即不做信念的奴
隸，而是將其當成促使我們變得強大的方法。

偉大的激情，即他存在的理由和力量，甚至比
他本身更明確，更專制，這種偉大的激情運用了他
所有的理智。它使人不再懷疑。它甚至給人以勇氣
去追求那些不夠神聖的方法。在各種情況下，它施
予人信仰。作為方法的信仰！很多東西都是憑藉信
仰才能獲得的。偉大的激情需要並利用各種信仰，
但偉大的激情並不屈服於各種信仰，──它知道自
己是至高無上的。

擺脫人生重負，
獲取自由的方法

縱觀人類歷史，在威脅到人類生活的事物當中，最危險的恐怕要數對於特定的宗教或政治理念的篤信了。無論多麼兇惡的連環殺人犯，也很難殺人過百，可是當篤信某種宗教或政治理念的人形成一個群體的時候，就可以輕而易舉的大肆殺戮，卻不會因此受到任何良心上的譴責。

在天主教思想所支配的中世紀西方國家，很多人因為不相信基督教的神而被污蔑為異端分子或者女巫，最終死於非命。當新教出現並與天主教相抗衡的時候，這兩個教派也彼此斥對方為異端，相互大肆殺戮。後來，宗教對社會的影響力有所減弱，民族主義、納粹、馬克思主義等政治意識形態取而代之，填補著民眾精神世界的空白，於是又上演了一場在兇殘程度上毫不亞於宗教戰爭的意識形態戰爭，並奪去了幾千萬人的生命。

尼采下面的這番話指出，相比於謊言，信念反而是人類發現真理道路上的更大障礙。

下面，我們繼續來研究信念的心理學，也就是信仰的心理學。「信念是否是比謊言更危險的敵人」，這個問題我已經考慮很久了。有信仰的人的命脈在信仰中。有信仰的人不觀察許多事物，在任

何時候都沒有公平可言，徹底地偏激，在任何有關
價值的問題上都戴著嚴格而必要的眼鏡——只有這
樣，這類人才能夠生存下來。但是，他們卻因此成
為真實性，——即「真理」的敵對者和對立物。對
於「真實」還是「虛假」的問題，信徒根本就不能
具有自由的良心。在這裡，誠實將立刻毀滅他們。

　　人們認為自己所信奉的信念是真理，所以才會篤信
不疑。但是，他們之所以相信那些信念，其實是因為這
些信念為他們的生活賦予了確定的意義和方向。人們在
生命無休止的生成消亡中感到不安，因此才想依賴於某
種信念，以期從不安中解脫出來。

　　換言之，人們之所以篤信某種信念，並不是因為這
種信念是真理，而是因為它給自己的生活帶來了慰藉。
也就是說，篤信這種信念的人們選擇了慰藉，而放棄了
真理。

犧牲真理而選擇慰藉及生活的力量。相反,不迷信任何信念、憑藉自由意志去追求真理就意味著剝奪他們的慰藉和生存的力量,因此,他們並不願意追求真理。

尼采這裡所說的自由意志指的是不屑於理念所賦予的慰藉,而用開闊的視角來看待這個世界以及各種事物。只有擁有這種自由的意志,人才不會成為任何信念的奴隸,同時將所有理念都轉化為促進自己進步和成長的養分。尼采認為,只有擁有這種自由意志的人才相信自己作為思想主體的能力,才是真正的強者。

第七個問題
「藝術能否改變人生？」

藝術之於人生，
是偉大的興奮劑

真理是醜陋的。

我們擁有藝術，

是為了我們不因真理而毀滅。

科學知識只是生存
所需的資訊

現代社會又被稱為科學技術的社會。科技發展日新月異，毫不誇張地說，科技正在支配著我們的生活。

而中世紀的西方則可以稱為基督教社會。當時的西方人認為，真理存在於上帝的啟示和聖經當中。因此，當他們在生活中遇到困難的時候，都會向上帝祈禱，依

賴上帝，期待從他那裡得到解決問題的方法。

　　如今的人們卻堅信，牛頓和伽利略之後的近代科學所昭示的真理。因此，當遇到問題的時候，現代人都試圖從科學技術中尋找對策。

　　但是，近代科學所描繪的世界卻是極其荒蕪的。因為用近代科學的觀點來看，所有東西都不過是原子毫無意義的運動，我們人類的思想也不過是頭腦的物理作用罷了。

　　近代科學認為所有現象都可以還原為物理現象，也就是說，近代科學所闡釋的世界只是物理元素相互間毫無目的和意義的因果作用，人的生命也不例外。

　　進化論將生命的歷史看作一個進化過程，它所描繪的世界也和物理學及化學所闡述的一樣索然無味。進化論認為，生命體的所有活動都源於下意識的生存欲望和種群繁衍的本能。

從進化論的角度來看，個體是種毫無目的和意義、只遵循盲目的生存欲望和繁衍本能的存在。在進化的過程中，如果個體具備適應環境的遺傳基因，它就會得以倖存，反之則被淘汰。

在我看來，叔本華的厭世主義最為徹底的引出了進化論的最終歸宿。儘管進化論並沒有意識到這種不可避免的可怕結局，叔本華卻將其一語道破。

進化論認為生命最基本目的是自我保護，每一個人都因此而不懈努力，但是人類的壽命最長也不過百年，這些努力最終總會歸於失敗。

因此，個體不過是種荒誕的存在，只是被用來延續種群。叔本華鮮明的指出了進化論不可避免的結局。

當然，叔本華的哲學與進化論有諸多不同，他本身也並不認可進化論。但是叔本華的哲學和進化論有一點是相通的。那就是——所有生命體只是單純的追求自身的生存和種群的生存。

可以說，叔本華的哲學思想揭示了進化論不可避免的結局，即虛無主義和厭世主義。

近來，進化論受到了廣泛關注，認為除了動物的世界，它還可以解釋認知、倫理，以及宗教等人類生活的所有現象。那些認為進化論可以解釋人類生活所有現象的人，自以為只有這項理論才有科學的基礎，為此而揚揚自得。

但是這些人的理論只會讓人陷入虛無主義和厭世主義。進化論認為，人類的生存只是為了保存自身和種群，一生飽受勞碌最終消亡。除此之外，沒有任何意義和目的。所以，如果真心接受這種理論，人們最終必定會陷入虛無主義，而虛無主義又不可避免的會導致產生厭世主義。

　　如果世界真的如同進化論所主張的那樣，沒有任何意義和目的，只是強迫人類為了生存和種群繁衍而經受勞苦，那麼人類不會接受這個世界，只會憎惡它。

藝術讓人生更加豐滿

　　　　　　　　是否真如進化論和叔本華
所主張的那樣，支配人類的僅僅只是自我延續和種群繁
衍的本能衝動呢？不，這之前恐怕首先要問，近代科學
是否揭示了人類和世界的真理呢？

　　尼采認為，近代科學所闡述的世界並非世界的本來
面貌。在他看來，近代科學提供給人類的不是對於真實
世界的正確認識，而是生存所需的資訊。因此，他認為

近代科學的宗旨只是確保人類的生存。

　　例如,近代醫學闡述了某種植物所特有的屬性可以治癒某種疾病,在這兒它昭示了特定的屬性和特定的病症之間的聯繫。也就是說,科學的焦點在於事物之間的外部聯繫。

　　尼采則認為,所有的生物活動並非簡單的物理作用,也並非完全受控於生存和繁衍本能,而是遵從於強化自己的欲望。

　　我們在前面提到過,尼采稱生物所具備的這種特性為「強力意志」。強力的意志在人類身上體現得最為鮮明。人類的目標不是簡簡單單的生存和繁衍,而是如何去強化自己。

　　如果人生的目標只是生存和繁衍,就不會因為勞碌一生卻又終將死亡而覺得人生虛妄。但是,因為人類這種存在最鮮明的體現了強力意志,對於自己的人生只是一種物理作用、或者只是生存和繁衍本能驅使下的活動

這種說法，勢必會覺得茫然自失。

人類的終極目標不是活得長久，而是即便生命短暫，也要活的充實。尼采認為，能讓人生充實的東西不是科學，而是藝術。藝術讓我們知道世界並非由簡單的物理作用形成，也不單純是為了生存和種群繁衍而奔波勞碌的荒蕪之地。藝術還讓我們意識到世界和我們的人生是如此值得遍歷。尼采還說，「人只有在藝術中才能享受生命的完滿。」

但是，只有具備健康的生命力，我們才能發現世界的美好和充實。藝術家的生命力都很旺盛，他們能發現世界的美麗和充盈，並懂得如何將其展現在世人眼前，讓人們去體會這種感覺。

尼采他將藝術家們充滿健康力量的狀態，稱為「陶醉」。藝術家要想進行藝術創造，只憑頭腦中的絕妙創意是不夠的，還要情緒高漲，陶醉其中。

尼采在其處女作《悲劇的誕生》中，將催生藝術的衝動分為夢幻和陶醉。夢幻衝動指的是想創造美麗假象的衝動，其產物是建築、美術、雕塑等造型藝術。對於這些造型藝術，尼采稱之為「阿波羅式藝術」。眾所周知，阿波羅是日神，象徵著智慧、節制和均衡。

與之相對的是陶醉衝動，指的是深深迷醉，擺脫個體意識，力爭跟所有東西合為一體。這種衝動的產物是舞蹈、音樂等非造型藝術。尼采將非造型藝術稱為「狄奧尼索斯式藝術」。狄奧尼索斯是釀造葡萄酒的酒神，於我們而言也並不陌生。

但是，在後來的《偶像的黃昏》中，尼采又說兩者都是陶醉的類型。在這裡，尼采將「陶醉」解釋為我們身體器官最為興奮的高潮狀態。他認為這種興奮的高潮可以通過很多契機來實現，而其中最為持久和本質性的陶醉就是性興奮。

　　對於勝利的渴望、身處比賽時的強烈興奮也讓人陶醉。此外，慶典、勇敢的舉動、勝利、一切極限運動、殘忍行徑、破壞、春天等特定的氣象影響、毒品、澎湃的激情等都可能讓人陶醉。

　　尼采認為，這種陶醉的本質是力量及生命力的提升和充實的感覺。藝術來源於這種感覺，同時，也將欣賞藝術的人們帶入這種感覺當中。而當我們沉浸於這種感覺當中，事物在我們眼中就會變得美麗起來。

　　尼采將這種狀態描述為「我們賦予事物以美，將美從自身轉移到事物上。」換言之，當我們的生命力旺盛的時候，事物在我們眼中就會分外美麗，我們用這種方式將美麗賦予事物。

　　藝術家賦予事物美麗的方式，通常被稱為理想化。這種理想化抹煞了事物本身相對細微的附著部分，但是尼采認為，理想化的本質就是凸顯和強調主要特徵，從而遮蔽其他特徵。

我們讓事物最優秀最美好的一面突顯得更為鮮明，讓它們更加豐盈充實。例如，喜馬拉雅山上的小石塊不盡其數，可是畫家在描畫山峰的時候，卻捨棄了所有的石塊，只突出喜馬拉雅山的峻嶺崇高。

用藝術
來打造人生

尼采認為，每個人眼中的事物和世界依據每個人的力量狀態而不同。軟弱的人眼中的事物和世界是貧瘠而醜陋的，相反，力量充沛的健康人眼中的事物和世界則豐盈而美麗。

因此，當我們覺得世界貧瘠醜陋的時候，應該在自己的身上找出原因。應該認識到，正是因為我們自身的

生命力低下醜陋，我們所看到的世界才會醜陋。

　　當我們深深沉浸於陶醉當中的時候，我們會覺得一切都很充盈，覺得一切都和我們一樣，強大而充滿力量。這時候的事物反映著人的強大力量和完滿。藝術就是人作為一種完滿的存在，將事物也變得完滿。

　　這時，我們會從事物中感受到喜悅，其實這喜悅來自於我們對自身的滿足。因此，我們通過藝術所能得到的終極享受，其實是「作為完滿存在的自身」。

　　尼采認為，人把自身視為完美的尺度，讚歎和崇拜美好的事物，事實上崇拜的是人類自身。

　　人相信世界本身充斥著美，卻忘了自己是美的原因，唯有人把美贈與世界。人們覺得世界跟自己一樣充滿了力量，才會覺得世界美麗。因為人類覺得充滿力量的自身是美的，因此也用同樣的標準來衡量事物。

關於這一點，尼采說：

> 人把自己映照在事物裡，他又把一切反映他的形象的事物認作美的。

因此，尼采說「只有人是美的」，並認為這是所有美學的第一真理。而第二真理便是「沒有什麼比衰退的人更醜陋的了。」

力量的感受，強力意志，勇氣，自負——伴隨著醜陋的出現，這些都變得低下。醜陋的東西讓我們的生命力變得衰弱，所有跟衰退相關的事物，在我們眼裡都是醜陋的。每種枯竭、笨重、衰老、疲憊的徵兆，每種身不由己，不論痙攣或癱瘓，尤其是解體和腐爛的味道、顏色、形狀等，面對這些，我們會下意識的認為它們是「醜陋的」，並心生厭惡。

　　這種情況下，人們厭惡的東西不是事物本身，而是「人的衰退」。衰退的人看到的一切都是醜陋的，而他眼中醜陋的世界又會反過來讓他更加衰弱和壓抑。也就是說，醜陋的東西讓人聯想起衰退、危險、無力，人們在其面前會喪失力量。

　　綜上所述，在尼采看來，我們對於美的感情和我們從自身體會到的愉悅是分不開的。離開了強大而充沛的力量，「美」是不存在的。從這個視角出發，尼采批判所謂的「為了藝術的藝術」。

　　「為了藝術的藝術」主張除了「藝術」之外，藝術不應該其他的目的，尤其反對藝術從屬於道德。對於反對藝術從屬於傳統道德這一點，尼采給予了肯定和接受，但是他並不認為藝術沒有任何目的。

相反，他認為藝術是生命的偉大興奮劑，藝術給人帶來力量，讓生命更加澎湃。

尼采將陶醉分為日神式和酒神式兩種。日神式的藝術主要是滿足視覺的造型藝術，因此日神式的陶醉是讓眼睛激動，於是眼睛獲得了幻覺能力。關於這一點，尼采說「畫家、雕塑家和史詩詩人是卓越的幻覺家。」

相反，酒神式的陶醉則是感情達到興奮的高潮，並用一切表現方式將其充分表現出來。它和周遭事物合為一體，對其進行表現、模仿和改變。酒神式的人可以體察到所有事物的情感，並與之融為一體，用更高的狀態來體現它。

通常，悲劇藝術演繹了人生的殘酷恐怖，因此被認為是用來昭示人生的幻滅以及該如何逃避幻滅的。尤其是叔本華，他認為悲劇藝術的本質就在於此。根據他的理論，悲劇藝術的本質在於讓人們感受和領悟到生命的悲慘，從而放棄生活的意志。

在這種情況下，藝術的目的就是熄滅生命意志的火花，讓人厭惡生活，對生活徹底絕望。

但是，尼采卻認為叔本華的這種見解是「厭世主義者的觀點，邪惡的視角。」叔本華認為希臘悲劇是證明希臘人厭世主義的最關鍵的證據，尼采卻覺得希臘悲劇是對厭世主義最直接的對抗。人們將人生塑造的更加充實，給人以力量，讓人們即使面對悲慘現狀，也對人生予以肯定。因此，尼采認為這是包括悲劇藝術在內的所有藝術的目的。

尼采還認為「悲劇藝術家所傳達給我們、試圖讓我們置身其間的，正是面對可怕可疑的事物，依然無所畏懼的高尚姿態。」他說悲劇是「直面強敵、巨大的災難、令人顫慄的苦難時的勇氣和沉著──即充滿勝利感的狀態。」

悲劇英雄從不逃避苦難和痛楚，他們充滿力量，反而會主動尋找苦難和痛楚，永不屈服，坦然接受坎坷多舛的人生。悲劇頌揚這樣的人，並力圖將觀眾帶入這種充滿力量的狀態當中。對於這樣的人來說，苦難和痛楚同時也是讓生命變得更加充實的興奮劑。尼采在其處女作《悲劇的誕生》中說，他之所以想最大限度地凸顯悲劇精神，也正是因為這個原因。

悲劇並不是古希臘人陷入叔本華式的厭世主義的證明，卻最明確的反證了他們對於厭世主義的抵抗。甚至在生命最陌生、最艱難的問題上肯定生命。生命意志在其最高類型（悲劇的英雄）的犧牲中為自身的不可窮盡性而歡欣鼓舞，那就是我所謂的酒神精神，是能通達悲劇詩人的心理學的橋樑。

悲劇並不是為了擺脫恐懼和同情，也不是為了

用激烈迸發來擺脫危險的衝動——這是亞里斯多德的誤解；悲劇是為了越過恐懼和同情，成為生成本身的永恆歡樂——這種歡樂本身也就包含著對毀滅的歡樂。

我早早回到了出發點。《悲劇的誕生》是我對於一切價值的最初重估。與此同時，我重新將根植入孕育了我的意志和才華的土地。

尼采認為藝術和科學一樣，也是一種虛構。科學為我們提供了有益於生活的資訊，卻不能讓我們的人生變得更有意義或者更充實。儘管宗教為人們指明了生命的意義和方向，讓生命更加豐滿，尼采卻認為，在當今科學的攻勢下，宗教已經變得越來越無力，在這種情況下，只有藝術能讓我們的生命更加充實和澎湃。他指出，要想不讓人生陷落，藝術是不可或缺的。

在尼采看來，即使我們不能成為創造藝術品的藝術家，也應該成為生活的藝術家。所謂生活的藝術家，就是時時陶醉於澎湃激昂的情緒，感受美好而充實的生活和世界。同時，他認為創造藝術品的人要想成為真正的藝術家，也必須先成為生活的藝術家。

尼采一直在思考一個問題——在神已經被科學殺死的世界上，人該怎樣肯定自己的人生？他致力於在藝術中尋找肯定人生的道路，並認為最重要的是，每個人都應該以藝術家的精神來生活。

死亡是人生的
頂峰而非終點

因為死亡這個確定的未來，

生命才甘醇、芬芳和輕盈。

死亡是讓人成熟的
最好契機

　　　　　　　　生活中是否存在從來沒想過自殺的人呢？尤其是在 OECD（經濟合作與發展組織）國家中保持著最高自殺率的韓國，從未有過自殺念頭的人恐怕寥寥可數。想死的原因多種多樣，我在高中三年期間，因為覺得人生虛無而一直被自殺的念頭折磨，而其他的人之所以有輕生的打算，或許有的因為生

意失敗，有的因為失戀或者病痛。

　　儘管很多人都覺得自殺是種罪過，對於自殺持否定態度，但尼采的看法卻不盡相同。他認為，根據情況的不同，有時候自殺反而是人類所能取得的最大勝利。他認為自殺並非對生活的否定，而是最高的肯定。因為高尚的自殺會引發人們的崇敬之心，而尼采所說的「高尚的自殺」是下面這樣的。

　　　　當不再能驕傲地活著時，就驕傲地死去。自願選擇的死，適時的死，心境澄明而愉悅，執行於孩童和見證之中，因而能在辭別者還在場的情形下作一個真正的告別，同時也對成就和意願作一個真正的估價，對生命作一個總結。

　　如今，我的知天命之年也已經過了大半，開始恐懼衰老。當我老到行動不便的時候，兒女會照顧我嗎？或

者我會在老人院，每天在對根本不會來看我的兒女的盼望中孤獨終老？每當想到這些，我就會下意識的覺得自己處境淒涼。

　　達爾文和叔本華等人都認為原始的生存衝動是人類的最大衝動，即人類極度渴望延長生命。但是尼采卻認為，除了生存衝動，人類還有強化和提升自己的衝動。尼采稱這種衝動為「強力意志」，這種意志伴隨著對困難阻礙的克服而逐漸增強。

　　死亡是讓我們產生最強抗拒感的對象，一想到死亡，無論誰都會恐懼，奮力掙扎。但是，只要帶著清醒的意識，坦然接受死亡，我們就能克服它，並體會到自身力量的增強。

　　對於意志強大的人來說，死亡和生存過程中所遇到的困難一樣，都是讓自己成熟和強大的契機。他們將所有困難和挫折都當成促使自己更加成熟的機會，享受自己泰然接受挑戰的強大，對他們來說，死亡也是這樣的

一種機會。在這個過程中，我們可以體會到人類的偉大和強大力量。

從這個意義上來說，病弱或者衰老之後，事事要依賴別人的生活就是對自己、生命乃至人類的一種侮辱。因此，尼采認為，當我們老到行動不便，要完全依賴別人才能生活的時候，與其依靠醫術和藥物來延命，倒不如選擇自殺。

當某人以清醒的意志回顧並肯定自己的一生，感激所有幫助過自己的人，在周圍人的見證下以愉悅的心態自願結束自己的生命時，人們不會為他的死而難過，只會尊敬和讚歎於他的偉大。

相反，那些蹉歎於自己的一生，帶著遺恨走向死亡的人只會引發我們的憐憫、同情和哀傷。坦然而自信的自殺讓活著的人感受到人類的偉大，而因在生活中感到挫敗和絕望而選擇的自殺則會讓我們見識到人類的渺小和卑微，我們只會因此而備感悽楚。

　　尼采所說的偉大的自殺者之所以選擇自殺，並非在
生活中遭受挫折，而是為了將自己的人生做大限度的昇
華。他們不願意讓自己的人生看起來醜陋卑劣而選擇自
殺，因此在自殺的瞬間，他們仍然是泰然的。他們不會
央求醫生幫他們活得更久，也不會哀求神明保佑他們死
後上天堂。他們才是最獨立和自由的人。

　　海倫‧聶爾寧的自傳《美好人生的摯愛與告別》
中，描述了百歲的丈夫通過絕食來選擇死亡的情景。

　　　斯科特離世前的一個半月，也就是他即將過百
　　歲誕辰的一個月前，他對在座的一些朋友宣佈：
　　「我想我不再吃東西了。」從那一刻開始，他真正
　　絕食，只喝飲料。他有計劃地選擇了告別美好人生
　　的時間與方式，這樣做是為了從容而莊嚴的離開。
　　他要通過絕食來擺脫自己的肉體。絕食而死，並不
　　是狂暴極端的自殺方式，它是一種緩慢而柔和的精

力消滅，是一種心平氣和的自願告別辦法。他很喜歡羅伯特・路易士・史蒂文生的一句話「幸福活過，亦要幸福的死去，我用自己的意志放棄了自己。」如今他終於將其付諸實踐，他主動放棄了肉體生命，用自己的方式為死亡做著準備。

我瞭解很多動物所選擇的死亡方式，它們會到一個不為人知的地方，不再進食，逐漸死亡。於是，我也坦然接受了斯科特的選擇。一個月當中，我將任何他可以吞咽的東西都做成果汁餵給他喝，比如蘋果、桔子、香蕉、葡萄等等。後來，他說他只想喝水。即便這樣，他並未生病，可以很清醒地談天。他身體中的水分逐漸消失殆盡，肉體枯萎，可以安詳而平和的離開世界了。（省略）他終於說了句「好…」，然後便離去了，如同一切順其自然。我感到肉眼可見的東西去到了一個不為我們所見的地方。

　　讀到這個部分，沒有人不為之感動。可以說，這樣的死亡不是生命的終結，而是生命的高潮。一生歷練的意志終於在死亡面前達到了最高的頂峰。

憐憫讓人
變得軟弱

　　　　　　　　　我們所接觸到的自殺絕大
部分都呈現挫敗的形式，而非勝利。不堪人生苦痛，覺
得既然活得如此痛苦，倒不如死了更好，也就是以死來
逃避現實。這不是克服死亡，這種自殺也稱不上勇氣，
而是無法戰勝生活苦難的懦弱和卑微的表現。

　　如同前面所說，對於那些保持清醒的意志，為了捍

衛自己的尊嚴而選擇死亡的人，我會為之讚歎，而非悲傷憐憫。而對於那些生活挫敗者的死亡，我們之所以感到哀傷，並不是因為他們選擇了自殺，而是因為他們的自殺是一種挫敗，而非勝利。我們為他們在自殺的瞬間所感覺到的無限絕望而惋惜和悲傷。

韓國是世界上自殺率最高的國家，就在這一刻，依然有很多人選擇結束自己的生命。那麼在他們當中，會有幾個人值得尼采稱頌呢？估計其中絕大多數人所選擇的自殺都不是人生的最高昇華，而是對於生命的詛咒和蹉歎。

學生們因為忍受不了考試失利和對未來的不安，成年人因為債務纏身或者伴侶的出軌而選擇自殺。對他們來說，人生如同恥辱而絕望的地獄，他們唾棄人生，選擇了死亡。死亡於他們而言，是擺脫苦不堪言的人生的最後出口。

對於這些因為不堪忍受人生苦痛而選擇死亡的人，

我們會心生憐憫。但是尼采卻批判憐憫，這並非因為他冷酷無情，而是因為憐憫不會讓人成長，只會讓人變得更加軟弱。

當我們對某人投去憐憫的目光時，意味著我們覺得他可憐。而這同時也意味著我們覺得他是個軟弱無力的人。這會加劇被憐憫的那個人所感受到的無力感，他會毫不抗拒的接受別人的憐憫，同時認為不論誰遇到他的這種處境，都會像他一樣挫敗，於是也就心安理得的接受挫敗。

憐憫還會讓我們覺得，如果我們遇到類似他那樣的處境，也會變得和他一樣。陷入憐憫當中之後，我們會在不知不覺間將自己等同於挫敗的人。可是尼采卻說「人類因為級距的激情而發展」。

所謂「級距的激情」，指的是變成比原來的自己和其他人更加優越的人，從而拉大自己和過去的自己及其他卑劣人群之間的距離。尼采認為這種激情才是促使人

發展進步的動力。可是憐憫卻阻礙著這種級距的激情，讓我們無法自我鞭策，讓自己變得更加強大和優越。

當我們認為某個人即使身處困境也一定會從容的克服困難時，我們不會對他產生憐憫，反而會期待和好奇他會怎樣克服困境。

因此，尼采認為，當人們陷入困境的時候，他們需要的並不是憐憫，而是鞭策。相比於對他們說「真可憐。」反倒是「這有什麼難的，你完全可以靠自己走出來！」這句話，才是對他們更高的評價。

因此，對於身處困境的人，我們不該憐憫他們，而應該鞭策他們依靠自己的力量重新站起來。

選擇自由
而自願的死亡

　　　　　　包括基督教在內，幾乎所有宗教都禁止自殺，將放棄生命視為一宗罪過。在這些宗教中，並沒有偉大的自殺和卑劣的自殺之分。

　　但是，尼采認為，如同人生有高尚和不高尚之分一樣，自殺也有偉大和卑劣之分。同時，因為宗教認為自殺是罪過，這也助長了人們想方設法延命的卑劣。

老人和死亡——如果忽略宗教的規定，那麼我們可以問這樣一個問題。當老人感知到自己的力量逐漸衰退的時候，束手無策的等待怎會比有尊嚴的放棄更光榮？這種情況下（感知到自己的力量逐漸衰退的時候），自殺是種順理成章的選擇。作為理性的勝利，自殺會讓人們尊重。

在希臘哲學家和羅馬的愛國者們都選擇自殺的時代，自殺確實是讓人尊重的。而相反，已經沒有力量去接近生命的本來目的，卻要通過醫生和最痛苦的生活方式，來延續生命的病態欲望並不值得尊重。宗教提供了豐富的禁止自殺的理由，以此來奉承那些偏執於生命的人們。

尼采所說的「自然死亡」，指的並不是自然而然的死亡，而是相對於那些千方百計延續生命的卑劣選擇的「非自然死亡」，也就是自殺。

　　人類是一種隨時可以做出選擇的存在,所謂自然死亡,也不過是將自己的死期延遲到死亡來臨的瞬間而已。這也是一種選擇。從這個意義上來說,尼采認為,除了自己,誰都無法讓我們死亡。

　　對於要靠給別人增添麻煩來等待死亡的做法,尼采認為「那是最可蔑視的條件下的死,一種不自由的死,一種不適時的死,一種懦夫的死。」

　　熱愛生命的人應該希求另一種死。自由,清醒,並非偶然,並非猝不及防。

　　基督教要求垂死的人懺悔其一生所犯下的罪過。脅迫說如果主接受他們的懺悔,他們就可以進天堂,反之則會墮入地獄。對於這一點,尼采認為基督教在人們臨死的瞬間仍然在凌辱人們的良心。因為當人們屈服於基督教的威脅,因為擔心下地獄而懺悔自己一生的罪過時,就已經自甘墮落成最卑劣的人了。

對於尼采來說，人不分有罪無罪，只分強壯和衰弱。因此，當人們面對死亡的時候，他不需要人們懺悔，只要求人們泰然接受死亡，將自己的意志力昇華到頂峰。以他的標準來看，那些因為怨恨而選擇自殺的人都是軟弱的，不足以承擔生活的重擔。他們的自殺並不自由，而是自暴自棄。

綻放你自己的花朵

我們就像貨品一般，

為了讓他人購買我們，

我們不斷調整著自己的價格，

時高時低——忘了自己的價值。

打造你
自己的個性

一直以來，尼采一向主張
「成為你自己」，這話和他「愛命運」思維一脈相通。
換言之，這句話可以解釋為昇華我們的命運。

我們的一切都是天生的，比如智商、脾氣秉性，甚
至連我們出身的環境也不由得我們有所選擇。從我們出
生的那一刻起，這些就伴隨著我們。父母、兄弟姐妹、

祖國等等，沒有一樣是我們自己選擇的。

　　每個人的命運各不相同，智商、性格也因人而異。儘管父母們覺得自己對所有孩子都一視同仁，但其實他們對於每個孩子的態度各不不同。就算父母同等對待每個孩子，因為每個孩子天生的性格不同，對於父母態度的理解也不相同。

　　傳統哲學很少考慮這種個人差異，尤其是人與人之間的性格差異，根本不被當作哲學問題來探討。

　　在探討人性方面，最早關注到人們性格差異的哲學家是叔本華。他認為每個人的性格都不是由個人所選擇的，而是在我們出生的時候就賦予我們的。

　　在這一點上，叔本華和沙特（編按‧1905 年～1980 年，法國哲學家）等存在主義者有著本質上的區別。沙特主張「存在先於本質」，他認為人的本質是可以靠自己去形成。

　　沙特是徹底的無神論者，他認為如果有神明存在的話，神會根據自己的意願來創造人類，指定每個人的性格、以及人生道路等等。但是因為世上並不存在神明，所以人類是絕對自由的，可以自由塑造自身。

　　叔本華認為沙特的這種見解如同不諳世事的少年一樣，對人類現實的認識過於膚淺。雖然叔本華並不認為這個世界是神創造的，但是他認為我們所處的這個世界的所有個體都源於同一個宇宙意志。

　　舉例來說明他的觀點，包括人類在內的所有個體都不過是浩瀚海洋裡的水泡或水滴。我們感受到這些水泡和水滴，以為世界是由它們組成的，可存在於水滴下的這個巨大的海洋才是現實。

　　若是叔本華在世的話，會認為每個人都是這個海洋般浩瀚的宇宙意志所決定的水滴。水滴無法自行決定呈現怎樣的形態、如何形成又如何消失，因為這些都已經由宇宙意志事先決定了。

因此，叔本華否定人類的自由意志。換言之，人類只能按照天生的性格來行事。我們以為自己的思想和行為都是自由的，並因此而沾沾自喜，其實我們的言行都由我們的性格決定，只是我們沒有意識到而已。從這個角度來說，叔本華甚至認為，只要瞭解一個人的性格和動機，就可以預想到他將會做出怎樣的舉動。

比如，徹底餓上三天之後，性格強硬粗暴的人會選擇去搶，而缺乏自尊心依賴性強的人則會去乞討。

尼采也和叔本華一樣，否定人的自由意志。前面已經提過，尼采甚至將自由意志哲學斥為「判罪哲學」。但是他並不認為眾多的個體所形成的世界源自於一個巨大的統一意志，即自在之物的存在，也不認為各個個體如同水滴般受制於統一意志。

尼采否認自在之物，主張世界是由數不勝數的個別強力意志所組成的，而這些強力意志並非具有不受限制的自由。

　　尼采認為，強力意志的性格在很大程度上已經被指定了。如同獅子生而為獅子，羊生而為羊一樣，人類生來也有著各自不同的性格。但是在他看來，人類並非從本質上就是不自由的，即人的個性並不是不能改變的。

　　我們可以瞭解自己的脾氣秉性，並且在不違背它的情況下，自由的對其進行昇華，這是尼采所承認的。他要求我們賦予自己的個性和素質以獨特的風格。

　　如同我們的性格生來不同一樣，我們所要面臨的狀況也不是任由我們選擇的。這些狀況是無數的強力意志相互碰撞相互作用所導致的。因此，絕大部分不期而至的狀況都是命運安排，我們無法左右。但是我們可以將這樣的命運轉變為昇華自己性格的契機。

你是否甘願做受制於
他人眼光的奴隸？

尼采認為，傳統的西方哲
學和宗教試圖將所有人改造得千篇一律。他稱基督教為
「民眾的柏拉圖主義」，因為基督教如同柏拉圖一樣，
將世界分為此岸和彼岸，將此岸當成假象世界，將彼岸
看作真實世界，並將這種思想用神話方式進行了改進。

　　換言之，以基督教為代表的柏拉圖式二元論哲學都力圖讓人們徹底否定自己的自然欲望，成為禁欲主義者。在尼采看來，這種忽略個人的多樣性，試圖將人類改造得千篇一律的做法是極其天真的。

　　最後，讓我們再思量一下，說「人應當是如此這般的」這種話有多麼天真。現實向我們顯示了令人愉快的豐富類型，過度揮霍的形式遊戲和形式變化，而某位可憐的囿於一孔之見的道德家卻說：「不！人應該是別種樣子的。」……他甚至知道人應該是怎樣的，這個可憐蟲和偽君子，他在牆上畫了幅自畫像，說道：「看這個人！」然而，即使道德家只是向著某一個人說：「你應當是如此這般的！」他也依然把自己弄得很可笑。個人是命運的一個片斷，承前啟後，對於一切既來和將來的事物是一個法則，一個必然性。對他說「改變你自己」

就意味著要求一切事物都改變，甚至是朝後改變。

從這個意義上來說，尼采認為柏拉圖主義和基督教的二元論道德迫使人們把自己放進一個統一的框架裡，給人們帶來了巨大的危害。當無法適應這個框架時，人們就會覺得自己是罪惡的，被負罪感所折磨。

道德倘若不是從生命的利益出發，而是從本身出發進行譴責，它便是一種特別的謬誤，對之不必同情，便是一種蛻化的特性，已釀成無窮的禍害！

這種試圖將所有人放進一個統一的框架，將無法適應這個框架的人斥為有罪的現象並非只存在於二元論宗教和哲學所支配的地方。朝鮮時代也用儒教這個框架來約束所有人，直至今天的社會，依然有很多條條框框試圖將人們禁錮在其間。

在學校，所有孩子都被要求成為成績優異的學生。社會生活也是如此，各領域都以工作成果來對人進行評價。尼采則認為我們應該學會理解人的多樣性，並積極對其加以利用。

　　我們另一種人，我們非道德主義者，相反為一切種類的理解、領悟、准許敞開了我們的心靈。我們不輕易否定，我們引以為榮的是做肯定者。我們愈來愈欣賞那種經濟學，它需要並且善於利用被教士的神聖愚昧和病態理性所拋棄的一切。

尼采將培育人的方式分為馴服和引導兩種。馴服是指強迫對方去適應某個條框，這種方式只會讓人病弱畏縮。與之相反的是引導，即積極促進每個人的天生素質和個性發展。

　　當今韓國社會對於青少年的馴服欲望尤其強烈，希
望他們按照固定的方向發展。從幼稚園開始，就要求孩
子們接受英語和學前教育，試圖將孩子們打造成一部學
習機器。

　　社會和父母對孩子的這種馴服方式，引發了很多扭
曲病態的事例。很多青少年感受不到生活的樂趣，產生
了厭世情緒，或者缺乏自信，感覺自己無法滿足父母對
自己的期望，每天被負罪感和挫敗感所折磨，認為自己
一無是處。

　　尼采說「成為你自己。」

　　我們應該認真思索自己的性格和所處環境，並努力
對其進行積極的昇華。而要想實現自己，最重要的是捍
衛自己的主體性，不必老是去顧及別人的眼光。因為我
們總是在不知不覺之間──去考慮別人的看法和評價，
擔心別人蔑視自己。

　　尼采認為，我們之所以如此在乎別人的評價，源於存在於我們身上的奴隸本性。在古代奴隸制社會，奴隸不能作為主體來評價自己。因為只有主人才有權力評價他們。奴隸們隨著主人對他們的稱讚或者責備而或喜或悲。如果我們過於在意別人的看法和評價，就等於將自身下降到奴隸的地位。

倦怠是生活
亟待改變的信號

　　　　　　　　尼采認為，要想做我們自
己，就必須傾聽自己內心的聲音。因為讓我們更加強大
的強力意志存在於我們的內心，所以必須傾聽它所發出
的聲音。

　　尼采在二十五歲的時候就當上了古典語言學教授，
他本可以終身從事這份職業，享受安逸的生活。但是他

卻選擇了哲學。他認為古典語言學只埋頭於解釋古典文獻，並不是一門有創造性的學問，因此，他才投身於哲學，想創造新的價值。

在十年的教職生活中，他一直有這個打算，但最終讓他將其付諸實踐的契機卻是病痛。

在尼采看來病痛並不是偶然的，而是他內在的自我針對他過去所走的彎路所做出的健康反應。他說：

> 我心中的煩躁情緒侵襲著我。我意識到，這是該我反省的時候了。我恍然醒悟，大驚失色，多少時光已經白白逝去了——我的語言學家生涯同我的天賦相比，顯得多麼微不足道，多麼自作主張啊！對這種虛偽的謙恭，我感到無地自容。十年過去了，精神的營養在我身上已經完全陷於停頓。這時，那種從我父親那裡來的害人的遺傳性，根本說來即註定早死的遺傳性，以令我讚不絕口的方式、及時地幫了我的大忙。

　　尼采認為，我們的意識當中存在著真正的自我，這
就是他所說的強力意志。

　　我們內部存在著不斷要求我們強化的意志，當我們
滿足於安逸的生活時，這種意志就會讓我們生病，或者
讓我們厭倦自己的生活狀態，陷入空虛，以此來作為轉
換生活方式的信號。

　　對此，尼采論述如下：

　　　感官（sense）和精神（spirit）是工具和玩
　　物：它們後面還站著自己（the self），自己用感官
　　的眼睛尋找，也用精神的耳朵聆聽。自己總是在
　　聽、在找，它比較、支配、征服、破壞、它統治
　　著，也是我（ego）的統治者。我的兄弟呀，在你
　　的思想和感覺後面有一個強有力的主人，一個不知
　　名的智者，它叫做「自己」。

在這裡，我引用一首我高中時期非常喜歡的赫曼‧赫塞的詩歌。我至今還清晰的記得，當時我把這首詩貼在書桌上，每天都要朗誦好幾遍。

階段

正如春光會歇，

年華會老，

生命的每個階段，

每束智慧，每項德行，

也都只燦放一時，難逃興衰隆替。

我們的心必須隨時準備，

回應生命的呼喚，辭舊迎新，

抖擻精神，告別傷痛。

接受新的任務。

每一個起始都蘊藏著神奇，

呵護我們，助我們前行。

我們應該欣然穿堂越階，

不依依眷念一室一隅。

世界精神不願羈絆我們，

它要把我惡魔你逐級提升、開拓。

我們剛剛安於所遇，

暗生棧戀，心力就隨之衰馳。

只有樂意邁步遠行的人，

才能擺脫因循的積習。

甚至死神流連的時刻，

也可能以新的庭宇相招，

生命對我們的呼喚從不休止……

來吧，心兒，告別往昔，重喚康強！

　　赫塞在這首詩裡所提到的「生命對我們的呼喚」，也可以將其看成尼采所說的強力意志。我們不該止步於生命的任何一個階段，而應該在強力意志的指引下，欣然跨越該階段。

　　下面用尼采的一段話來結束這一章吧！

　　「做個男人！不要追隨我，而是去追隨你自己，只有你自己！」我們的生命也應該擁有對於自身的權利！我們在自己自由、無所畏懼、純真無邪的內部不斷超越自己，綻放花朵。

不光要控制感情，
還要控制身體

我們怎樣才能重新發現自己呢？

年輕的靈魂應該重新回顧自己的人生，

問出下面這些問題。

迄今為止，什麼是你真正愛過的？

什麼提升了你的靈魂？

讓弱點
也能發射光芒

　　　　　　　　尼采主張「做你自己」，
同時又說要「突破自己」。乍看起來，這兩句話似乎相
互矛盾，但是「做你自己」中所說的「自己」，和「突
破自己」中的「自己」是截然不同的。

　　前者的「自己」指的並不是社會所要求的那一類
人，而是「對自己的性格和稟賦進行了昇華的、真正的

自我。」相反，「突破自己」中的「自己」指的則是迎合社會要求的、虛假的自己。也就是說，要想成為真正的自己，就必須要突破虛假的自己。

尼采主張我們發揮各自的個性，但另一方面，他又要求我們成為超人甚至高尚的人。發揮個性和成為超人、高尚的人，這二者之間乍看起來似乎也相互矛盾。

因為超人和高尚的人代表著人們普遍追求的理想化的、普遍的人性，而發揮個性則和普遍的人性相對，意味著崇尚獨特的生活。

但是，尼采所說的「做你自己」指的並不是按照自己與生俱來的性格來生活，而是為自己的人生賦予某種風格。他甚至說「賦予個性一種『風格』，實在是偉大而稀有的藝術！」

為自己的性格賦予風格的人懂得分析自己的優點和缺點，並將其按照藝術計畫來融通。尼采認為這是藝術的、理想化的，人應該不斷打磨自己，直至弱點也散發

出耀眼的光芒。

這些人會不懈的鍛煉自己，為自己增添第二本性，靈活運用自己第一本性中的一部分，將自己的性格打造成一件藝術品。因此，「成為你自己」指的是那些能夠控制和支配自己，並會讓自己朝著某個堅定的方向，不斷去提升自己的人。

尼采稱這種懂得控制和支配自己的人為超人或高尚的人。這些人將自身的弱點及自己所經歷的苦難都昇華成促進自身發展的契機。

尼采認為，只有這一類人才有能力命令和指揮其他人。這裡所說的「命令和指揮其他人」指的並不是隨心所欲的支配他人，而是幫助他們實現自我。

尼采指出，要想實現對他人的命令和指揮，就必須先懂得支配自己。這裡所說的自己，指的是貪圖安逸，缺乏自信、責任心的存在。但是，因為我們大部分的人都不是超人，而是崇尚安逸的末人，因此，要想突破自

己，必須和自己鬥爭。

尼采對此的論述如下：

> 我勸告你們不要和平，而要勝利。你們說，和平是甚至使戰爭也變成神聖的事業？我勸你們說：只有戰爭才使一切事業變成神聖。（省略）去戰鬥吧！只求長久苟活的生命有什麼價值？

很多人誤以為尼采批判一切既有習慣和道德，一味主張釋放本能和欲望，其實，尼采的真正主張是「偉大和充實是通過不懈的自我突破而形成的。」

他認為人真正渴求的並不是滿足本能和原始欲望，而是有所成就，成為偉大的人，擁有充沛的力量。

> 奇特的事實依然是，一切具有自由、文雅、果敢和巧妙必然性的事物，不管是現在還是過去存在

的，無論是存在於思想本身中，還是存在於管理、說話、勸說中，或是存在於藝術中，或是行為中，都是憑藉著這種專斷規則的暴政才發展起來的。說實在的，這可能恰恰就是「自然」，恰恰就是「自然的」——而不是自由放任！

此外，尼采認為只有突破自己的人才是美的，而這種美並非天生，是後天獲取的。

美非偶然。——即使一個種族或家族的美，他們全部風度的優雅和親切，也是人工造就的，是世代努力積累的結果。人必須為美奉獻巨大的犧牲，必須為之做許多事，以及放棄許多事（十七世紀的法國在這兩方面都令人讚歎），對於社交、住家、衣著、性滿足必須有一個選擇原則，必須愛美甚於愛利益、習慣、意見、懶散。最高原則：人獨處時

也不能「馬馬虎虎」。

　　尼采這裡所說的美，指的是充滿力量的優雅，如同端坐桌前的學者身上所散發出來的動人氣息。

　　尼采在這裡提到了類似於東方慎獨精神的思想。所謂「慎獨」，指的是即使獨自一人時，也要嚴於律己，表裡如一。因為當沒人監督時，我們很難在思想和行為舉止上嚴格要求自己。

先開導身體，
然後才是思想和情感

尼采主張，要想突破自己，除了控制情感和思想，還要懂得管理自己的身體。不能因為疲憊就隨意躺倒，而應該根據各種情況，採取與之適應的姿勢。

僅僅訓練感情和思想是無濟於事的（德國教

育的巨大誤解就在於此，它全然是幻想的），人必須首先開導身體，嚴格維持有意味的、精選的姿勢，一種僅僅同不馬馬虎虎對待自己的人共處的約束力，對於變得有意味和精選是完全足夠了。

決定民族和人類的事情是，文化要從正確的位置開始——不是從「靈魂」開始（這是教士和半教士的致命的迷信）：正確的位置是軀體、姿勢、飲食、生理學，由之產生其餘的東西。

尼采以凱撒大帝為例來論述養生法。凱撒為了預防頭痛及其他疾病，長途行軍，生活簡樸、堅持住在戶外並進行極其艱苦的操練。

尼采認為只有嚴格鍛鍊身體，靈魂才會變得更強，力量充沛。只有身體完全在我們的掌控之下，我們才能變成真正健康和有氣度的人。

身心健康的人還能幫助其他人，使其更加健康。尼采說「所有好的都是本能」。只有擁有健康的本能，我們才能輕鬆暢快，行為舉止也勢必健康自由。

真正自由的舉動是遵從本能欲求，自然輕鬆的。這時，人們會吶喊「我必須這樣做！」

因此，「自由行為」的真正意義並非康德（編按・1724 年～1804 年，德國古典唯心主義哲學家）所說的「遵從於道德義務的行為」，而是「和本能的必然性合而為一的行為」。

學習觀察、思考、
寫作的方法

尼采認為，交友的選擇對於能否成為高尚的人十分重要。也就是說，要選擇有高尚氣質的人來交往，避開卑劣之人。

他還進一步指出，要想成為高尚的人，必須學習觀察、思想、說話及寫作的方法。對於觀察方法的學習，尼采解釋為「賦予眼睛平等和忍耐的習慣」。

　　換句話說，要學習不急於下定論，從所有層面就所有情況進行審視的方法。要想做到這一點，面對刺激就不能立刻做出反應，而應該懂得克制，慎重做決定。

　　於此相反，卑劣的人卻缺乏抵抗刺激的能力，因此，當遇到刺激的時候，在低劣的本能和衝動的驅使之下，他們會立刻做出反應。

　　從這個意義上講，尼采認為很多所謂「不得不做出反應」的情況，是病弱和衰退的徵兆。但是，只要學會觀察的方法，人們就不會草率行事，不妄信，接觸到陌生新鮮的事物時，會保持淡定和警惕。

　　接下來，我們要學習的是思考和寫作的方法。尼采主張要像學習舞蹈一樣學習這兩者。優秀舞者的舞姿是細膩而優雅的。儘管要用語言來一一描述那些肢體動作是不可能的，但我們在寫作的時候，依然要儘量去體會和表現那種細膩的氣息。

　　尼采曾經批判他那個時代的素質教育「不能改變人，只是簡單的灌輸知識。」

　　他還引用歌德的話，來表達自己的立場，「我憎惡所有不能為我增添活力而只想教誨我的東西。」

　　尼采認為，要想學習希臘文化，不光要積累相關的知識，還要學習希臘人的一言一行，效仿他們的言行舉止。只有這樣，有關希臘文化的教育，才能夠擁有讓人改變的力量。

　　放之於我們的實際生活，要想學習朝鮮時代的儒生文化，就要學習他們的言行舉止，因為單單堆積一些有關儒生文化的散雜知識是毫無意義的。

後記

將你的船，
駛向浩瀚無涯的未知海域

　　在尼采看來，宇宙的所有事物是相互連接在一起
的。因此，他認為自己所說的一切並非自言自語，而是
針對他所屬的某個共同體。

　　　奇怪的是，我覺得我所說的事情並非只關乎我
　個人。換句話說，我無時無刻不感覺我的生活，自

我的形成，記錄我的思想，是為了更多的人。這些
重要而親切的話語，是對某個共同體而說的。

尼采所指的共同體顯而易見，這就是那些對試圖將
所有人都馴化為螺絲釘零部件的社會心生厭倦的人們，
那些對使用各種苟且手段來獲取利益的人所充斥的社會
滿懷憎惡的人們。我想，這篇文章的讀者也應該是屬於
這個共同體的成員。

在尼采看來，伴隨著當今社會的日益巨大，身處其
間的個人卻變得越來越萎縮。大部分的現代人成了社會
機器順暢運轉所需要的零部件，被回報以相應的安逸和
物質享受。人們變得越來越謹小慎微，期望自己的生活
中永遠不要遭遇任何不測。面對被這樣的人所充斥的當
今社會，尼采有感而發出：

於是，大地變小了，使一切變小的末人，就在上面跳躍。

尼采認為，人們貪圖安逸的傾向是生命力逐漸衰退的文明所呈現出來的徵兆。尼采用洋溢著年輕的霸氣和活力的希臘羅馬文明來對比這種衰退的文明，具體論述如下：

中文有個俗語，做母親的甚至用它教育孩子，這個俗語就是「小心」。從本質上說，這是現代文明的根本趨向。我確信，古希臘人也會首先注意到我們當今歐洲人自己使自己矮小——單單在這方面，我們就立即會使古希臘人感到反感。

如今，人們習慣性的將年輕一代稱為「88 萬韓元一代」（編按：約三萬新台幣）。這種說法立刻讓人聯

想到每月只能賺取 88 萬工資的畏縮而自卑的年輕人。

社會將這些年輕人稱為「88 萬韓元一代」並予以同情，但尼采卻認為這種同情是對年輕人的蔑視，意味著他們只著眼於錢，只要工資多過 88 萬韓元，就會感到非常滿足。

如果換做尼采，他不會去同情這些年輕人，只會發出這樣的吶喊：不要執著於金錢，拿出你的全部熱情，去做你真正想做的事情。不論陷入怎樣的困境，都將其當作促進自己成長的跳板來欣然接受。成為他所說的共同體中的一員，去改變這個世界。

感謝你由始至終讀完了這本說短則短、說長則長的書。作為一個文字創作者，對於所有閱讀我的作品的人，我都心存感激。

儘管一生飽受各種病痛折磨，尼采依然肯定並熱愛自己的命運，並試圖讓更多的人擁有健康的人生──這

就是我力圖通過這本書來呈現的東西。對此，你是否有
所感悟呢？

　　最後，我用尼采非常著名的一句話，來作為這本書
的結束——

　　凡不能毀滅我的，必使我更加強大！

〈全書終〉

國家圖書館出版品預行編目資料

尼采：比讀書更重要的是思考／朴贊國／著，王寧／
譯；二版，-- 新北市：新視野，2021.01
　　　面；　公分
　　ISBN 978-986-99649-1-3（平裝）

1. 尼采（Nietzsche, Friedrich Wilhelm, 1844-1900）
2. 學術思想　3. 哲學

147.66　　　　　　　　　　　　　　　109016600

尼采：比讀書更重要的是思考

朴贊國〔著〕
王　寧〔譯〕

〔出　版〕　新視野 New Vision
〔製　作〕　新潮社文化事業有限公司
　　　　　　電話：(02) 8666-5711
　　　　　　傳真：(02) 8666-5833
　　　　　　E-mail：service@xcsbook.com.tw

〔總經銷〕　聯合發行股份有限公司
　　　　　　新北市新店區寶橋路 235 巷 6 弄 6 號 2F
　　　　　　電話 02-2917-8022
　　　　　　傳真 02-2915-6275

印前作業　菩薩蠻數位文化有限公司

二　　版　2021 年 01 月